Eva Wunderer · Klaus A. Schneewind

Liebe

ein Leben lang?

Was Paare zusammenhält

Deutscher Taschenbuch Verlag

Mix
Produktgruppe aus vorbildlich
bewirtschafteten Wäldern und
anderen kontrollierten Herkünften

Zert.-Nr. GFA-COC-1298
www.fsc.org
© 1996 Forest Stewardship Council

Der Inhalt dieses Buches wurde auf einem nach den
Richtlinien des Forest Stewardship Council zertifizierten
Papier der Papierfabrik Munkedal gedruckt.

Originalausgabe
Juni 2008
© Deutscher Taschenbuch Verlag GmbH & Co. KG,
München
www.dtv.de
Umschlagkonzept: Balk & Brumshagen
Umschlagbild: Daniela Pass
Satz: Greiner & Reichel, Köln
Gesetzt aus der Stone 9,5/12˙
Druck und Bindung: Kösel, Krugzell
Gedruckt auf säurefreiem, chlorfrei gebleichtem Papier
Printed in Germany · ISBN 978-3-423-24677-4

Inhalt

1 Partner auf Zeit?
Einige Zahlen rund um die Haltbarkeit von Liebesbeziehungen

> *»Die Ehe ist die wichtigste Entdeckungsreise,*
> *die der Mensch unternehmen kann.«*
> Søren Kierkegaard

Leider nimmt diese Entdeckungsreise immer häufiger kein gutes Ende. Von den heute geschlossenen Ehen werden voraussichtlich mehr als ein Drittel in Trennung und Scheidung enden. Anhand der markierten Zahlen zeigt sich der Anstieg der Scheidungshäufigkeit sehr deutlich. Von 1000 im Jahr 1950 geschlossenen Ehen waren nach 15 Jahren 81 geschieden. Dieser Wert wurde bei Ehen aus dem Jahr 1995 schon nach fünf Jahren überboten. Von 1000 Paaren, die sich 1970 das Jawort gaben, waren nach 20 Jahren 217 geschieden. Eine ähnliche hohe Scheidungsquote erreichten die 1990 geschlossenen Ehen bereits nach zehn Jahren.

Scheidungshäufigkeit ausgewählter Eheschließungsjahrgänge

Heirats-jahrgang	Bis zur Ehedauer von ... Jahren geschiedene Ehen (je 1000 vormals geschlossenen Ehen)				
	5	10	15	20	25
	Früheres Bundesgebiet				
1950	37	64	81	94	104
1960	44	79	109	127	149
1970	79	128	179	217	245
1980	90	183	245	297	
1985	87	184	261		
	Deutschland				
1990	88	206			
1995	87				

Auf der Basis von Daten aus Engstler & Menning (2003)

Im vormals eher scheidungsfreudigen Ostdeutschland sanken die Scheidungsraten nach der Wiedervereinigung zunächst deutlich unter das westdeutsche Niveau – dazu mag die Unsicherheit bezüglich der weiteren wirtschaftlichen Entwicklung beigetragen haben. Seit 1995 lösen ostdeutsche Paare jedoch wieder vermehrt ihre Ehen. Die Scheidungsraten entwickeln sich seitdem – wenn auch auf etwas niedrigerem Niveau – parallel zu denjenigen in Westdeutschland.

Es gibt mehrere Gründe dafür, warum sich die Scheidungszahlen in den vergangenen Jahrzehnten vervielfacht haben. Entscheidend ist unter anderem, dass die Scheidung zunehmend an gesellschaftlicher Akzeptanz gewonnen hat. Das Allensbacher Institut für Demoskopie führte in den Jahren 1953 und 1979 bei Frauen und Männern im Alter unter 30 Jahren zwei inhaltsgleiche Umfragen durch – mit eindrucksvollen Ergebnissen.

Soll die Ehescheidung möglichst leicht gemacht werden, beziehungsweise sollen Ehen überhaupt lösbar sein?

	1953		1979	
	Frauen unter 30 in %	Männer unter 30 in %	Frauen unter 30 in %	Männer unter 30 in %
möglichst leicht	14	15	43	55
lassen wie es ist	16	15	21	19
möglichst schwer	25	32	18	14
unlösbar sein	35	27	3	1
andere Antwort	0	0	1	0
weiß nicht bzw. keine Angabe	10	11	14	11
	(100)	(100)	(100)	(100)

Auf der Basis von Daten aus Köcher (1985)

Im Jahre 1953 meinten 14 % der jungen Frauen und etwa ebenso viele gleichaltrige Männer, dass eine Ehescheidung möglichst leicht gemacht werden sollte. 26 Jahre später ergab sich ein deutlich anderes Meinungsbild: nun waren es 43 % der Frauen und sogar 55 % der Männer der gleichen Altersgruppe, die eine möglichst einfache Scheidung befürworteten. Entsprechend plädierte ein deutlich geringerer Teil dafür, dass die Ehe unlösbar sein solle: War 1953 noch rund jeder dritte Befragte dieser Ansicht, so traf dies 1979 nur mehr auf 3 % der Frauen und 1 % der Männer zu. Dieser Umbruch ist im Wesentlichen auf die »sanfte Revolution« der sogenannten 68er-Generation zurückzuführen, die auch in anderen Bereichen, wie z. B. der Kindererziehung, zu einem markanten Wertewandel beigetragen hat.

Die Ehe ist demnach vielen Menschen nicht mehr so heilig wie in früheren Zeiten. Eine Scheidung ist heutzutage selbst auf dem Lande keine Katastrophe mehr. Prominente in Politik und Showbusiness vermitteln den Eindruck, ein, zwei, drei Scheidungen gehörten zum Leben dazu. Und von eins nach drei ist es in der Tat nicht weit, denn bei Folgeehen steigt das Trennungsrisiko beträchtlich. Entsprechend fragt in einer Karikatur der Pfarrer die Braut: »Und wollen Sie diesen Mann als Ihren *ersten* Ehemann?«

Für Scheidungswillige hat diese Entwicklung einen großen Vorteil: Er oder sie findet leichter einen neuen Partner. Bedeutete früher eine Scheidung nicht selten lebenslanges Single-Dasein, so hat man heute wieder Auswahl. Geschiedene finden Geschiedene, in der Folge entstehen immer mehr Patchwork-Familien mit Kindern unterschiedlicher Elternpaare – eine große Herausforderung für alle, die vielfältige Konflikte aufwerfen, das Leben aber auch bunter und reicher machen kann.

»Wilde Ehen« auf dem Vormarsch

Als Alternative zur Ehe hat inzwischen mehr und mehr das Zusammenleben ohne Trauschein an Boden gewonnen – und zwar nicht nur im Sinne einer »Ehe auf Probe«, sondern durchaus als eine langfristige Beziehungsform, in der auch Kinder Platz haben. Das wiederum hat zur Folge, dass uneheliche Kinder weitaus weniger gesellschaftliche Ächtung zu fürchten haben als früher. In der Bundesrepublik Deutschland hat sich allein in der Zeit zwischen 1996 und 2004 die Zahl nicht ehelicher Lebensgemeinschaften um 34 % auf insgesamt 2,4 Millionen erhöht. Außerdem zeigen die Daten des »Generationenbarometers 2006«, einer umfassenden repräsentativen Umfrage bei über 2600 Personen, dass von den befragten Eltern im Alter bis zu 44 Jahren 12 % unverheiratet zusammenleben. Und dies, obschon die sogenannte wilde Ehe als weniger stabil erachtet wird.

Glauben Sie, dass Ihre Partnerschaft das ganze Leben lang halten wird?

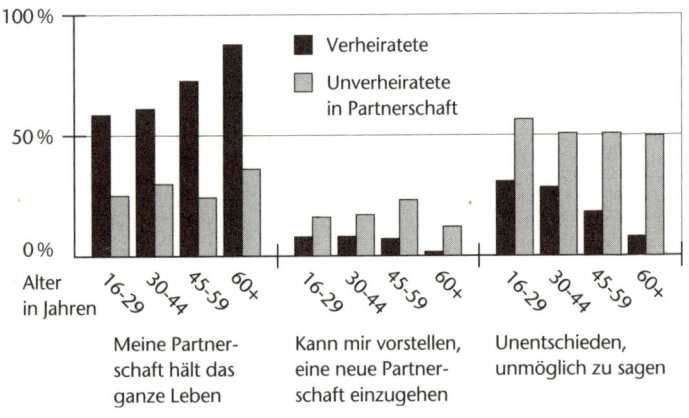

Auf der Basis von Daten aus Haumann (2006)

Von den Verheirateten sind je nach Altersgruppe zwischen 59 und 88 % davon überzeugt, dass ihre Partnerschaft das ganze Leben lang halten wird, während dies nur für maximal 37 % der Personen in nicht ehelichen Lebensgemeinschaften zutrifft. Entsprechend können sich bei den unverheiratet Zusammenlebenden zwischen 13 und 24 % der Befragten vorstellen, eine neue Partnerschaft einzugehen; bei den Verheirateten sind es nur 3 bis 9 %. Ein Großteil der in einer nicht ehelichen Partnerschaft Lebenden ist unentschieden, ob diese Beziehung überdauern wird. Trotz des im Einzelfall erlebten Beziehungsglücks von unverheirateten Paaren macht es offenbar einen Unterschied, ob man ohne Trauschein zusammenlebt oder den Schritt in die Ehe gewagt hat.

Aber meine Ehe hält!

Angesichts der hohen Scheidungszahlen müssten junge Paare generell skeptisch in die Ehe gehen. Tatsächlich diskutieren Soziologen, ob es eine Art sich selbst erfüllende Prophezeiung gibt: Man hört so viel über Scheidungen und wird damit im Freundeskreis konfrontiert, dass man weniger in die Ehe investiert, um sich vor größeren Verlusten im Falle eines Scheiterns zu bewahren. So wird lieber zunächst kein gemeinsames Wohneigentum gekauft, man setzt erst einmal keine gemeinsamen Kinder in die Welt – doch damit verliert die Ehe an Stabilität, da die gemeinsame Basis schmal gehalten wird.

Befragungen zeigen allerdings, dass ein Großteil der Verliebten die statistische Realität schlichtweg ignoriert. Man weiß zwar, dass jede dritte Ehe scheitert, glaubt aber fest daran, dass man selbst ungeschoren davonkommt. Da scheinen die nicht verheirateten Paare realistischer zu sein: Sie rechnen – wie wir gesehen haben – eher mit dem Scheitern ihrer Beziehung.

Berufstätigkeit der Frau als »Ehekiller«?

Auch die berufliche Emanzipation der Frauen macht die Ehe instabil. Denn erwerbstätige Frauen sind unabhängiger, finanzielle Notwendigkeit ist also kein Grund mehr, in einer unglücklichen Beziehung zu verharren. Zudem birgt die veränderte Rollenaufteilung Konfliktpotential: Es ist nicht mehr selbstverständlich, dass die Frau sich um Kinder und Haushalt kümmert, während der Mann das Geld verdient. Jede Familie muss ihr eigenes Modell aushandeln, und das ist Chance und Risiko zugleich. Tatsächlich werden Ehen, in denen beide Partner erwerbstätig sind und in denen die Frau stark in ihre Karriere investiert, häufiger geschieden als Ehen, in denen die Frau zu Hause bleibt. Allerdings wurde dieser negative Einfluss der Berufstätigkeit der Frau auf die Stabilität der Beziehung im Laufe der vergangenen Jahre immer geringer.

Insgesamt steigen die Ansprüche an den Ehegatten in spe: Es muss die große Liebe sein, mit der man sich ein Familienleben gut vorstellen kann und stets auf »Wolke sieben« schwebt. Solche Vorstellungen lassen sich meist nicht dauerhaft erfüllen, denn jede Beziehung hat ihre Höhen und Tiefen, jeder Partner seine Vorzüge und Schwächen. Und im Falle des Scheiterns ist man selbst schuld, denn: »Drum prüfe, wer sich ewig bindet, ob er nicht noch was Bessres findet.« In diesem Sinne hatten es unsere Vorfahren leichter, bei denen die Partnerwahl noch pragmatischer war: Die Familien mussten zusammenpassen, der soziale Status, das Land, der Hof. Wenn man sich dann noch gut verstand, war das mehr als zufriedenstellend.

Katholiken auf dem Lande mit stabilem Ehebande

Betrachtet man soziodemographische Merkmale im Hinblick auf das Scheidungsrisiko, so zeigt sich, dass Ehen häufiger geschieden werden, wenn die Frau älter ist als ihr Mann und wenn mindestens einer der Ehepartner bei der Hochzeit jünger als 20 Jahre ist. Katholiken haben stabilere Ehen als Protestanten und Konfessionslose, je stärker die Bindung an die Kirche, desto geringer ist in der Regel das Scheidungsrisiko. Schließlich verspricht man sich vor dem Traualtar ewige Liebe und Treue, in guten wie in schlechten Zeiten.

Binationale Ehen werden häufiger geschieden und auch solche, in denen die Frau ein höheres Bildungsniveau aufweist als der Mann. Letzteres hat sicherlich mit der bereits erwähnten Unabhängigkeit der Frau in finanziellen Dingen zu tun: Wer selbst gut ausgebildet ist, für den ist die Angst vor starken finanziellen Einbußen infolge einer Trennung eben oftmals kein Grund, eine unbefriedigende Ehe fortzuführen.

Kinder stabilisieren die Ehe, wenngleich sie sich, wie wir im weiteren Verlauf des Buches noch sehen werden, zeitweise eher negativ auf die Zufriedenheit in der Partnerschaft auswirken. Und nach wie vor werden Ehen auf dem Land seltener geschieden als in der Stadt.

Die Vererbung des Scheidungsrisikos

Nicht zuletzt wird das Scheidungsrisiko auch ein Stück weit vererbt. Wer als Kind die Scheidung der Eltern erlebt, wird später eher die eigene Ehe auflösen als derjenige, der mit seinen Eltern goldene Hochzeit feiern kann. Die Bevölkerungswissenschaftler Andreas Diekmann und Henriette Engelhardt haben dies eindrucksvoll nachgewiesen.

Soziale Vererbung von Scheidung

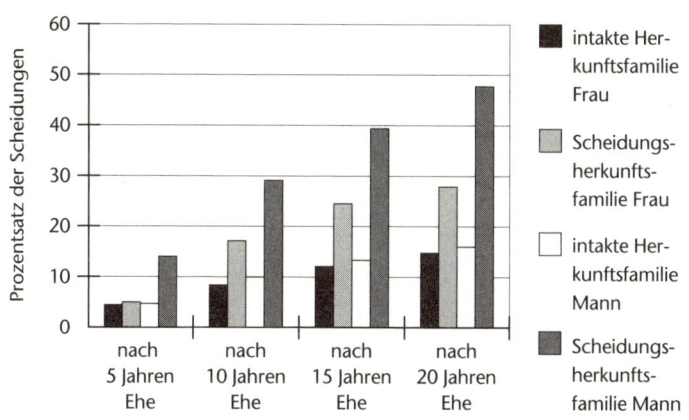

Auf der Basis von Daten aus Diekmann & Engelhardt (1995)

Im Laufe der Ehejahre lassen sich demnach immer mehr Partner scheiden, die selbst aus Scheidungsfamilien stammen. Bei Personen aus intakten Herkunftsfamilien – die also in einer Familie ohne Scheidung aufgewachsen sind – ist der Anstieg hingegen bei weitem nicht so hoch. Besonders anfällig sind dabei die Männer, für die sich 20 Jahre nach ihrer Eheschließung ein drei Mal so hohes Scheidungsrisiko ergibt, wenn sie aus einer Scheidungsfamilie stammen – bei den Frauen ist das Risiko »nur« etwa doppelt so groß.

Doch woher kommt das erhöhte Scheidungsrisiko für diejenigen, deren Eltern sich haben scheiden lassen? Es gibt eine »soziale Vererbung«: Kinder lernen in der Familie bestimmte Beziehungsmuster kennen und nehmen das Verhalten ihrer Eltern als Modell. Daneben spielt wohl auch die genetische Vererbung eine Rolle. Beziehungen, in denen beide Partner emotional instabil sind, enden häufiger in Trennung und Scheidung. Und emotionale Instabilität, die sich beispielsweise in Unausgeglichenheit und Reizbarkeit zeigt, weist auf der Basis von verhaltensgenetischen Studien immerhin eine Erblichkeit von ca. 50 % auf.

Der Teufelskreis »giftiger« Beziehungen

Infolge der oben erwähnten »sozialen Vererbung« glauben Kinder aus Scheidungsfamilien weniger stark an ihre eigene Beziehungskompetenz. Die Basis dafür kann in einem Teufelskreis »giftiger« Beziehungen liegen, in dem auch unser Immunsystem eine wichtige Rolle spielt.

Der Teufelskreis »giftiger« Beziehungen

Stress
(z. B. Stresshormone,
Gereiztheit)

**Reduzierte
Immunkompetenz**
(z. B. weniger
T-Helfer-Zellen)

**Belastete
Beziehung**
(z. B. chronische
ungelöste Konflikte)

**Beeinträchtigtes
Wohlbefinden**
(z. B. Krankheit,
Leistungseinbußen)

In Anlehnung an Kiecolt-Glaser u. a. (2003)

Studien der Forschungsgruppe um die amerikanische Stressforscherin Janice Kiecolt-Glaser ergaben, dass eine belastete Beziehung Stress erzeugt, der zu einer reduzierten Immunkompetenz führt. Dies beeinträchtigt wiederum das physische und psychische Wohlbefinden und wirkt sich in einem weiteren Schritt negativ auf die Beziehungsqualität aus – womit der Teufelskreis sich schließt.

Wenn Kinder erleben, dass sich der Beziehungsstress ihrer Eltern zu einem »chronischen Gift« entwickelt, ziehen sie möglicherweise die Lehre: Lieber ein Ende mit Schrecken als ein Schrecken ohne Ende, die Beziehung zu beenden erscheint als adäquate Problemlösung. Und da ist etwas Wahres dran, denn die negativsten Folgen für die Entwicklung der Kinder haben andauernde Auseinandersetzungen von Eltern, die trotz aller Schwierigkeiten zusammenbleiben. Schließlich leben sie ihren Kindern ein Partnerschaftsmodell vor, das da heißt: Eine Ehe bedeutet nicht, dass man sich gern hat und gut versteht, dennoch bleibt man zusammen. Die Beziehung als Falle, den Kindern zuliebe – eine solche Erfahrung macht es der folgenden Generation schwer, an das lebenslange Beziehungsglück zu glauben und wird sie kaum animieren, selbst vor den Traualtar zu treten.

Das verflixte fünfte Ehejahr

Nicht jede Ehe, die es bis zur goldenen Hochzeit bringt, ist für beide Partner zufriedenstellend. Unglückliche Ehen können erstaunlich stabil sein. Die Gründe dafür, dass diese von Soziologen als »stable unhappies« (»stabil Unglückliche«) bezeichneten Paare zusammenbleiben, sind unterschiedlich. Sie tun es aus Gewohnheit, wegen gemeinsamen Besitzes, wegen der Kinder, gegenseitiger Abhängigkeiten oder aus Angst vor dem Alleinsein. Die Ehedauer allein ist demnach kaum ein Erfolgskriterium, wobei sich – wie wir gesehen haben – immer mehr Paare auch nach 20 und mehr Jahren scheiden lassen. Mittlerweile werden doppelt so viele Ehen nach der Silberhochzeit geschieden wie vor 30 Jahren. Das verflixte siebte Ehejahr zu überstehen, bedeutet demnach schon lange keinen Garantieschein für lebenslange Ehestabilität mehr.

Das höchste Trennungsrisiko besteht Statistiken zufolge nach wie vor zwischen dem dritten und dem zehnten Ehejahr, mit einer Spitze im fünften Jahr. Familientherapeuten berichten einen Anstieg an Beziehungskrisen bei Familien mit kleinen Kindern – und zwar in dem Moment, in dem die Kinder selbstständiger und die Eheleute wieder auf die Partnerschaft zurückgeworfen werden. Sind die Sprösslinge erst einmal im Kindergarten, schlafen sie nachts durch und lassen sich auch einmal bei Personen außerhalb der Familie abgeben, stellt sich die Frage, was von der Paarbeziehung übrig ist. Das Ergebnis ist zuweilen ernüchternd, und es ist einiges an Arbeit nötig, damit aus Mama und Papa auch wieder Frau und Mann werden. Ein wesentlicher Grund, weswegen Paartherapeuten schon jungen Eltern ans Herz legen, nicht nur in der Elternrolle aufzugehen, sondern auch ihre Paarbeziehung zu pflegen.

Was hält Paare zusammen?

Nimmt man all die genannten Einflüsse (und noch einige mehr) zusammen, so lässt sich zumindest in der statistischen Theorie ein »ideales Paar« erschaffen. Das Bundesinstitut für Bevölkerungsforschung hat entsprechend alle Merkmale, die für eine geringe Scheidungsanfälligkeit sprechen, aus diversen Statistiken zusammengetragen.

Das ideale Paar: Eine statistische Collage

- Frau und Mann verbindet eine starke Emotionalität und Sexualität.
- Sie kommunizieren regelmäßig und haben einen positiven Kommunikationsstil.
- Sie sind treu, solidarisch und unterstützen sich.

- Sie haben gemeinsame Kinder, Freunde und Wohnungseigentum.
- Weder ihre Eltern noch sie selbst haben bislang eine Scheidung erlebt.
- Sie sind gleich gebildet und etwa gleichaltrig und haben ähnliche Interessen und Lebensentwürfe.
- Sie haben nicht zu früh geheiratet und vor der Eheschließung längere Zeit zusammengelebt.
- Sie sind religiös gebunden und traditionell orientiert.
- Sie leben nicht in der individualistischen Umgebung von Großstädten.

Quelle: Bundesinstitut für Bevölkerungsforschung (2004)

Auch wenn es sehr schwierig sein dürfte, Paare zu finden, die all diesen Kriterien genügen, ist das kein Anlass zur Resignation. Schließlich geht nach wie vor der Großteil der Menschen hierzulande dauerhaft gemeinsam durch die Höhen und Tiefen des Ehelebens. Und so stellt sich die Frage: Was sind die Erfolgsfaktoren, worin bestehen die Voraussetzungen für eine stabile Partnerschaft? Was also hält Ehen zusammen?

Dies war die Leitfrage eines Forschungsprojekts, das Ende der 90er Jahre an der Ludwig-Maximilians-Universität in München ins Leben gerufen wurde. Nach einer Pilotphase mit Ehepaaren im Großraum München wurden im Jahr 2001 insgesamt 663 Ehepaare in den alten deutschen Bundesländern zu verschiedenen Aspekten ihrer Partnerschaft befragt. Die Eheleute waren im Schnitt rund 27 Jahre in erster Ehe verheiratet, die Ehedauer reichte von einem bis hin zu 49 Jahren. Entsprechend schwankte das Alter der Befragten zwischen 25 und 82 Jahren, im Mittel waren es 52 Jahre. Mehr als 90 % hatten Kinder, viele davon waren bereits im Jugend- oder jungen Erwachsenenalter. Die Hälfte der Befragten gab als höchsten Schulabschluss den Hauptschulabschluss an, 28 % hatten die Realschule abgeschlossen und 21 % Hochschulreife erworben. Beinahe 90 % waren in der Bundesrepublik geboren.

Die von uns befragte Gruppe umfasste also Ehepartner aus

verschiedenen Altersstufen und sozialen Schichten, aus der Stadt ebenso wie vom Land. Viele waren schon lange Jahre verheiratet – und hatten damit einiges zum Thema »Was hält Ehen zusammen?« zu sagen. Dass die Stichprobe weitgehend repräsentativ für (Langzeit-)Ehepaare in den alten deutschen Bundesländern ist, konnten wir durch die Anbindung an den »Familiensurvey« sicherstellen. Für diese Langzeituntersuchung des Deutschen Jugendinstituts wurde im Jahr 1988 ein repräsentativer Bevölkerungsquerschnitt gewonnen – und alle in erster Ehe verheirateten Personen daraus wurden im Jahr 2001 eingeladen, an unserer Befragung teilzunehmen.

Wir gehen davon aus, dass viele verschiedene Einflüsse auf eine Paarbeziehung wirken: Da sind zum einen frühere Erfahrungen der Partner, sei es in der Herkunftsfamilie oder in vorangegangenen Partnerschaften, zum anderen die gemeinsame Beziehungsgeschichte, also das, was die Ehepartner auf ihrem Lebensweg bereits zusammen hinter sich gebracht haben. Natürlich spielt die Persönlichkeit von Mann und Frau eine Rolle, ebenso Werthaltungen, Einstellungen und Denkmuster beider Partner. Wie wir gesehen haben, bleiben auch das materielle und soziale Umfeld nicht ohne Wirkung, das heißt die finanzielle Situation, das Wohnumfeld, die Zufriedenheit mit der Berufstätigkeit und ihre Beanspruchung durch sie sowie die Unterstützung durch Verwandte, Freunde und Bekannte. Im Zentrum stehen Merkmale der Paarbeziehung, beispielsweise Kommunikations- und Konfliktkompetenzen oder die gegenseitige Unterstützung in Stresssituationen. Und schließlich werfen die Zukunftsvorstellungen ihre Schatten auf die Gegenwart: Glaubt man, dass die Beziehungszufriedenheit weiterhin steigen oder sinken wird? Stehen größere Einschnitte an, wie die Geburt eines Kindes oder der Übergang in den Ruhestand?

Zu all diesen Faktoren haben wir jene 663 Ehepaare befragt. Im Jahr 2001 geschah dies mit Hilfe eines ausführlichen Fragebogens, im Jahr 2003 füllte ein Teil der Paare erneut einen Fragebogen aus und gab uns im Rahmen eines vertiefenden Interviews noch genauere Einblicke in sein Eheleben. Die Ergebnisse sind nicht nur für die psychologische Forschung interessant – sondern vor allem auch für Menschen wie Sie, die sich mit ihrer eigenen Beziehung auseinandersetzen und noch mehr über Partnerschaften lernen wollen. So entstand ein Buch, das auf die Frage:»Was hält Paare zusammen?« sicherlich nicht die eine für alle passende Antwort liefern, aber viele wertvolle Hinweise geben kann, wobei wir bisweilen auf die Befunde anderer Studien zurückgreifen.

Der Inhalt der folgenden Kapitel gilt natürlich auch für unverheiratete Partner, die in einer festen Beziehung zusammenleben. Zwar ist immer wieder von *Ehe*partnern die Rede, doch das liegt vornehmlich daran, dass wir verheiratete Männer und Frauen befragt haben. Auch wenn – wie wir oben gesehen haben – Verheiratete mehr Zuversicht in die Stabilität ihrer Beziehung haben als Personen, die unverheiratet in einer Partnerschaft leben, unterscheiden sich die sogenannten wilden Ehen von den staatlich anerkannten oft eher in steuerlicher Hinsicht als in ihrem Lebensalltag zu zweit.

Leser, die in homosexuellen Beziehungen leben, wird es vielleicht stören, dass immer von Mann und Frau in der Partnerschaft die Rede ist. Schwule und lesbische Paare haben vielfach ähnliche Aufgaben zu meistern und mit ähnlichen Schwierigkeiten zu kämpfen wie heterosexuelle. Auch für sie hält das Buch demnach eine Menge Anregungen bereit.

2 Eine starke Prise Toleranz
Die Zutaten des Erfolgsrezepts langjähriger Partnerschaften

> »Immer wieder fragt man mich nach
> dem Rezept für meine lange und glückliche Ehe.
> Nun, meine Frau und ich gehen zweimal die Woche aus.
> Ein entspannendes Abendessen bei Kerzenlicht
> und romantischer Musik, ein paar Runden
> auf der Tanzfläche. Sie geht Dienstag, ich am Freitag.«
> Henny Youngman

Was ist das Erfolgsrezept Ihrer Partnerschaft? Was hält Sie beide zusammen? Nehmen Sie sich einige Minuten Zeit und notieren Sie alle Zutaten, die Ihrer Beziehung zum Erfolg verhelfen. Schreiben Sie getrennt voneinander auf, was Ihnen einfällt (hier im Buch oder auf einem separaten Blatt Papier) – denn vielleicht möchten Sie Ihre Listen später miteinander vergleichen.

✎ Test

Test für Sie:
Das hält meine Partnerschaft zusammen:

_____
_____
_____
_____
_____
_____
_____
_____
_____
_____
_____
_____
_____
_____
_____
_____
_____
_____
_____
_____
_____
_____
_____
_____
_____
_____
_____
_____
_____
_____

Test für Ihn:
Das hält meine Partnerschaft zusammen:

_____

_____

_____

_____

_____

_____

_____

_____

_____

_____

_____

_____

_____

_____

_____

_____

_____

_____

_____

_____

_____

_____

_____

_____

_____

_____

_____

_____

_____

_____

Freundschaft plus niemals Langeweile

Die Frage nach dem Erfolgsrezept steht ganz am Anfang unseres Buches, denn sie begleitet uns ein Eheleben lang. Fürsorgliche Freunde liefern Frischvermählten bereits in der Hochzeitszeitung erste Anhaltspunkte: »Man füge drei Esslöffel Frohsinn und fünf gehäufte Esslöffel Geduld hinzu, einen Teelöffel Freundlichkeit, ein Körnchen Witz und eine Prise Toleranz.« Und auch prominente Zeitgenossen geben in den Medien ihr Ehegeheimnis zum Besten.

Königin Sofia von Spanien äußerte sich nach mehr als 30 Jahren Ehe mit Juan Carlos folgendermaßen: »Unsere Liebe hat sich zu einer starken Freundschaft entwickelt. Wir sind wie Gefährten auf einer Reise, die nie endet ... Schweigen tötet die Liebe. Auch wenn der eine mal schmollt oder man den anderen gerade mal nicht ausstehen kann, muss man darüber sprechen.« Ähnliches ist von Bill Clinton zu hören: »Freundschaft plus Liebe plus niemals Langeweile plus nie aufgeben.«

Eine gehörige Portion Durchhaltevermögen haben der ehemalige US-Präsident und seine Ehefrau wohl auch gebraucht angesichts der Affäre des Staatsmannes mit einer Praktikantin im Weißen Haus. Doch die Ehe der Clintons überstand die Krise und hält seit mehr als 30 Jahren. Das »Eherezept« scheint zu funktionieren – und wie wir gleich sehen werden, unterscheidet es sich nicht wesentlich von dem anderer nicht ganz so berühmter Paare.

Toleranz, Vertrauen und Liebe – die Zutaten langjähriger Liebesbeziehungen

So wie Sie zu Beginn des Kapitels haben im Rahmen unserer Untersuchung mehr als 900 Eheleute die Erfolgsfaktoren ihrer Partnerschaft aufgelistet. Wir haben für Sie daraus das Eherezept zusammengestellt – jeweils unter Angabe des Prozentsatzes an Personen, die die jeweilige Zutat nannten (Mehrfachnennungen waren möglich).

Das Eherezept

1. Toleranz und Akzeptanz, den anderen so nehmen, wie er ist (47 %)
2. Vertrauen, Offenheit, Ehrlichkeit (44 %)
3. Liebe und Zuneigung (41 %)
4. Konstruktive Konfliktlösung und Kommunikation (36 %)
5. Gemeinsame Interessen, Hobbys und Freunde (29 %)
6. Solidarität, gegenseitige Unterstützung, gemeinsam »durch dick und dünn gehen« (28 %)
7. Die gemeinsame lebenslange Verantwortung für Kinder und Enkel (21 %)
8. Sich in der Partnerschaft nicht einengen, seine Freiräume behalten (20 %)
9. Treue (19 %)
10. Finanzielle Verpflichtungen, gemeinsamer Besitz, materielle Dinge gemeinsam regeln (10 %)
11. Übereinstimmende Werte und Ansichten, die »gleiche Wellenlänge« (9 %)
12. Zärtlichkeit und eine zufriedenstellende sexuelle Beziehung (6 %)
13. Humor und Spaß (5 %)
14. Religiöse Überzeugungen (5 %)
15. Geborgenheit und Wärme (5 %)
16. Gleichberechtigung, gemeinsam entscheiden (4 %)
17. Lebendigkeit der Beziehung, Abwechslung und Überraschungen (3 %)
18. Rollenaufteilung, Teilung der Aufgaben im Alltag (3 %)
19. Wertschätzung und Achtung (3 %)
20. Gewöhnung und Gewohnheit (2 %)

Toleranz und Akzeptanz sind für beinahe jede zweite Person ein wichtiger Beziehungskitt. »Wir sind seit der Jugendzeit ein Paar und haben sicher die Macken des anderen akzeptiert, haben uns aneinander in diesem Sinn gewöhnt. Jeder verzichtet bewusst auf Dinge, die der andere als Partner nicht leisten kann«, schreibt Christian, 35 Jahre alt und seit elf Jahren verheiratet. Oft sind es die Kleinigkeiten im Alltag, die die Geduld auf die Probe stellen: Wenn sich die Kleidungsstücke auf dem Sessel im Schlafzimmer türmen, wenn die gebrauchte Kaffeetasse tagelang in der Spüle steht, wenn der Partner wieder einmal zu spät kommt oder den Einkauf vergisst. Anfangs können wir über vieles hinwegsehen, finden es vielleicht sogar interessant und anziehend, dass der Partner in manchen Punkten so ganz anders ist. Die Kunst besteht darin, diese Einstellung aufrechtzuerhalten, wenn der Beziehungsalltag einkehrt. Und diese Kunst ist lernbar: Oft hilft es, an die eigenen Schwächen und Eigenheiten zu denken oder sich die positiven Seiten des Partners vor Augen zu halten und so ein Gegengewicht zu schaffen.

Man tut gut daran, sich bisweilen zu vergegenwärtigen, dass jede Beziehung eben auch ein Stück Verzicht bedeutet, Verzicht auf manche Eigenschaften, die der eigene Partner leider missen lässt. Dass er beispielsweise nicht die Liebe zur Oper oder zur Literatur teilt, oder so gar nicht verreisen mag, heißt, Abstriche zu machen, die jedoch verkraftbar sind, wenn die Basis stimmt und man die Messlatte nicht zu hoch legt. Denn der Partner lässt sich in der Regel nur in begrenztem Ausmaß beeinflussen und verändern.

Verzicht ist denn auch eines der sechs V, die Herberts Ehe seit 39 Jahren stabil halten: »Vernunft. Vertrauen. Verantwortung. Verstehen. Verzeihen. Verzicht.« Vertrauen hielten 44 % unserer Befragten für entscheidend. Es kann entstehen, wenn die Partner offen und ehrlich miteinander umgehen, wenn sie auch schwierige Dinge ansprechen und sich Zeit füreinander nehmen, um sich auszutauschen und immer wieder und besser kennenzulernen.

Ein siebtes V hat Herbert nicht genannt: Verliebtsein. Und auch Christian hätte es bei aller Toleranz beinahe vergessen: »Unsere Vision ist es, gemeinsam das Leben bis zum Ende zu verbringen. … Ach so, und lieben tun wir uns auch …« Anne dagegen setzt ihre Gefühle an erste Stelle: »Natürlich zuallererst Liebe – Vertrauen – Zuneigung. Von Zeit zu Zeit immer noch festzustellen, wie verliebt wir sind.« Dass Liebe und Zuneigung zum Gelingen ihrer Ehe beitragen, bestätigten mehr als 40 % der von uns Befragten. Freilich zeigen sich diese Gefühle nach vielen Jahren nicht mehr unbedingt als Kribbeln im Bauch oder als starke erotische Anziehung, sondern oftmals als eine Art tiefe Freundschaft – und deren Grundlage sind wiederum Toleranz, Vertrauen und Offenheit.

Das erklärt ein Stück weit auch, warum Zärtlichkeit und Sexualität vergleichsweise selten genannt wurden. Doch auch für lange verheiratete Paare ist ein erfülltes Sexualleben wichtig. Karin empfiehlt: »Den ehelichen Sex genießen, nicht nur ein Programm wählen.« Und Johannes schreibt als Erfolgsfaktor seiner Ehe: »Guter Sex, ohne Tabus über Sex reden und wenn möglich dem Partner Wünsche erfüllen.« Entscheidend ist dabei weniger, wie oft ein Paar Sex hat, sondern dass beide Partner ihre Bedürfnisse äußern können und die Sexualität für beide befriedigend ist. Und: Auch wenn Sexualität eigentlich kein Thema ist, sollte sie immer mal wieder zum Thema gemacht werden. Denn nur dann kann man erfahren, was dem Partner gefällt, was er sich wünscht und was er vielleicht vermisst.

Generationenbarometer

Auch das bereits erwähnte »Generationenbarometer 2006« hat sich – ähnlich wie wir – mit dem Thema beschäftigt, was für eine gute Partnerschaft wichtig ist. Allerdings konnten die Befragten nicht, wie Sie es gerade getan haben, selbst aufschreiben, was ihnen dazu einfällt, sondern es wurde ihnen eine Liste vorgelegt. 20 Kriterien sollten sie als »sehr wichtig«, »ziemlich wichtig« oder »nicht besonders wichtig« einschätzen. Als »sehr wichtig« stellten sich heraus: »Vertrauen, sich aufeinander verlassen können« (88 %), »Treue« (85 %), »Liebe« (83 %), »gegenseitiger Respekt und Anerkennung« (81 %) und »gegenseitiges Verstehen und Toleranz« (69 %).
Obwohl das methodische Verfahren anders geartet war, Personen ab 16 Jahre einbezogen wurden und die Befragten teilweise

unverheiratet in einer Partnerschaft zusammenlebten, ergeben sich deutliche Gemeinsamkeiten mit unserem Erfolgsrezept. Interessanterweise erscheinen Themen wie »Sexualität und Zärtlichkeit« wiederum nicht auf den vorderen Rangplätzen (bei uns landet dieser Aspekt auf Platz 12 und beim »Generationenbarometer« auf Platz 9), was auch damit zusammenhängen mag, dass jeweils viele ältere und langjährig verheiratete Personen befragt wurden. Andererseits gibt es auch Merkmale wie z. B. »Humor und Spaß«, die in unserem Eherezept – wenngleich auf einem hinteren Rangplatz – genannt werden, jedoch im »Generationenbarometer« keine Erwähnung finden.

Gemeinsam durch dick und dünn

Jede Beziehung gründet auf der geteilten Vergangenheit. Gerade schwierige Zeiten können die Beziehung festigen, wenn sie gut bewältigt wurden, so auch bei Anne: »Vieles, was wir miteinander durchgemacht haben, zum Beispiel Krankheit und Behinderung unseres einzigen Kindes, hat uns sicherlich sehr zusammengeschweißt. Zu wissen, dass wir uns aufeinander verlassen können.« Gemeinsam durch dick und dünn gehen, das ist mehr als einem Viertel der Eheleute wichtig – auch Bill Clinton, der diesbezüglich aus Erfahrung sprechen dürfte. Ähnlich wie Königin Sofia glaubt jeder dritte Ehepartner, dass es darauf ankommt, miteinander zu reden, einander zuzuhören, Konflikten nicht aus dem Weg zu gehen, sondern sie konstruktiv zu lösen.

Auch Maria weiß um die Bedeutung von Aussprachen und Versöhnung. Sie hält die Bibel für den besten Ratgeber: »Wir bemühen uns, die guten Ratschläge aus der Heiligen Schrift in unserer Ehe anzuwenden. Zum Beispiel 1. Korinther, Kap. 13, Vers 4–8 oder Epheser, Kap. 5, Vers 21–33. Wenn es Streit gibt, versuchen wir die Sache noch vor dem Schlafengehen zu bereinigen. Die Bibel sagt dazu: ›Lasst die Sonne nicht über eurer gereizten Stimmung untergehen.‹ Auch der Rat in der Apostelgeschichte,

Kap. 20, Vers 35 ›Beglückender ist Geben als Empfangen‹ ist sehr hilfreich. Ich bin davon überzeugt, wenn jeder sich an diese guten Ratschläge aus Gottes Wort halten würde, gäbe es kaum Ehescheidungen.«

Sich Freiräume wahren

Nach Jahrzehnten des Zusammenlebens hat ein Paar in aller Regel viele Gemeinsamkeiten: gemeinsame Freunde, gemeinsame Hobbys und Gewohnheiten, gemeinsame Kinder oder Enkelkinder, vielleicht ein gemeinsames Haus. All das stabilisiert eine Partnerschaft. Doch es kommt auf die Balance an, so auch für Christian, der bereits Toleranz, Verzicht und Liebe als Beziehungskitt erwähnte: »Nach innen und außen sind wir ein Paar mit hohem Zusammenhalt, Individualität musste jeder sich erkämpfen und wird als wichtiges Gut bewahrt.«

Ein Thema, das auch Frischvermählte beschäftigt: Claudia und Gerd sind Mitte dreißig, seit einem Jahr verheiratet und haben ein kleines Kind. Während Claudia die Gemeinsamkeiten lobt: »Gemeinsamer Urlaub. Gemeinsame Wochenenden. Gemeinsame Mahlzeiten«, pocht Gerd in seinem Erfolgsrezept auf ein wenig Freizeit von Ehe und Familie: »Toleranz, Vertrauen, Zuverlässigkeit, Liebe, Freiräume für beide Partner.« Gerade mit kleinen Kindern ist es nicht einfach, Zeit für sich zu reservieren – und Zeit für die Partnerschaft. Jörg kann davon ein Lied singen: »Ein kurzer Rückblick: In den ersten Ehejahren waren wir nur ein Ehepaar, wir waren und hatten uns ganz allein. Dann kam das erste Kind, später ein zweites und zum Schluss ein drittes. In diesen 15 Jahren spielten unsere Kinder die Hauptrolle und bestimmten das Familienleben. Erst in den letzten ein, zwei Jahren finden meine Frau und ich wieder zueinander. Wir sehen uns interessante Filme gemeinsam im Kino an, gehen mit Bekannten wieder ins Theater, besuchen ab und an ein gemütliches kleines Speiselokal und absolvieren seit circa drei Monaten einen Tanzkurs. Ich bin meiner Frau einfach wieder näher gekommen. Wir genehmigen uns immer öfter eine Auszeit nur für uns. Das gibt mir Zuversicht für alles, was noch kommen mag, weil unsere Kinder davon entscheidend profitieren – von dieser neuen Gelassenheit und entspannten Familiensituation.«

Übereinstimmung macht glücklich

So birgt jede Phase ihre Herausforderungen und Jörg hat immerhin 20 Ehejahre erfolgreich gemeistert. Theresa und ihr Mann Phillip stehen kurz vor der Goldenen Hochzeit und sind sich relativ einig, was ihre Ehe zusammenhält. Theresa:»Treue, Vertrauen, Verständnis. Liebe.« Phillip:»Verständnis, Vertrauen, Liebe, Geborgenheit, Treue, Hilfsbereitschaft, Zuverlässigkeit.«

Vielleicht haben Sie und Ihr Partner Ihre Erfolgsrezepte verglichen. Nennen Sie beide ähnliche Zutaten, so wie Theresa und Phillip? Oder ganz unterschiedliche wie unsere Frischvermählten, Claudia und Gerd? Fast 90 % aller Paare, die sich an unserer Untersuchung beteiligten, stimmten in wenigstens einer Nennung überein. Meist wurden Vertrauen, Toleranz oder Liebe von beiden genannt. Und das ist gut so, denn: Paare, die mindestens eine dieser drei Zutaten übereinstimmend nennen, beurteilen ihre Beziehung positiver, sie berichten weniger Konflikte und lösen diese konstruktiver.

Das heißt aber nicht, dass Ihre Partnerschaft nicht glücklich sein kann, wenn Sie gänzlich verschiedene Dinge niedergeschrieben haben. Solange Ihr Rezept mit positiven Gefühlen und Werten bestückt ist, droht keine Gefahr. Unterschiede können die Beziehung bereichern, sie können Gespräche in Gang bringen und bieten die Möglichkeit, Neues kennenzulernen und sich weiterzuentwickeln – als Person und als Paar. Und auch für die Übereinstimmung gilt: positiv ist sie nur, wenn die Zutaten positiv sind. Nennen beide beispielsweise »Gewohnheit« und »finanzielle Notwendigkeiten«, wird sie ihre ähnliche Sichtweise kaum zufriedener stimmen.

Wenn Sie Ihren Beziehungskitt unterschiedlich beschreiben, dann liegt das nicht zuletzt auch daran, dass Sie Mann und Frau sind. Denn: Bei allen Ähnlichkeiten in den Erfolgsrezepten von Männern und Frauen gibt es doch feine Unterschiede. So nennen

Frauen insgesamt mehr Zutaten. Frauen beobachten ihre Beziehung genauer, fühlen sich stärker für deren Pflege verantwortlich, und dazu passt, dass sie häufiger Kommunikation und Konfliktlösung als Erfolgsfaktor ihrer Beziehung angeben als Männer. Auch persönliche Entwicklung in der Partnerschaft ist Frauen wichtiger, vielleicht weil sie, bedingt durch familiäre Pflichten, meist weniger in ihre berufliche Entfaltung investieren. Bei Wertschätzung und Achtung verhält es sich umgekehrt, diese Merkmale werden vor allem von Männern genannt.

Das Beziehungsgeheimnis weiter lüften – wie es in den nächsten Kapiteln weitergeht

Das eine Erfolgsrezept, das für jedes Paar gilt, gibt es freilich nicht. Und die Zutaten verändern sich im Laufe der Jahre, sind zu Beginn der Beziehung andere, als wenn kleine Kinder zu erziehen oder die Kinder bereits erwachsen sind. So bleibt der Beziehungskitt immer auch das Erfolgsgeheimnis jedes einzelnen Paares. Womit wir wieder bei Bill Clinton wären: »Jede Ehe ist ein Geheimnis, mit ihren Höhen und Tiefen, man versteht es ja selbst kaum, wie sollen es da andere verstehen?«

Und dennoch: Ohne Toleranz und Akzeptanz, Vertrauen und Offenheit, Zuneigung und Liebe kommt kaum eine langjährige Beziehung aus. So werden wir in den folgenden Kapiteln versuchen, Bill Clintons Meinung ein Stück weit zu widerlegen, indem wir uns einzelne Erfolgsfaktoren genauer ansehen. Bislang haben Sie einen Überblick, nun geht es also in die Tiefe.

Im folgenden Kapitel 3 schaffen wir erst einmal die Basis für eine gute Partnerschaft. Ganz wichtig sind dabei eine positive Wahrnehmung der Beziehung und konstruktive Konfliktlösung. Beides kennen Sie bereits aus dem Erfolgsrezept, denn hinter der Positivität stecken unter anderem Liebe und Zuneigung, aber auch Verlässlichkeit und Vertrauen. Kommunikationsprobleme sind eine der Hauptursachen für Beziehungskrisen und viele der Paare, die zu uns in Beratung und Therapie kommen, wollen lernen, freundlicher miteinander umzugehen und Auseinandersetzungen zufriedenstellender beizulegen. Daher haben wir dem »richtigen Streiten« und dem Umgang mit Stress das Kapitel 4 gewidmet.

Wie Konflikte ablaufen, hat viel damit zu tun, was den Beteiligten währenddessen durch den Kopf geht. Gedanken wie »Das ist doch immer dasselbe! Ich kann mir den Mund fusselig reden, es kommt überhaupt nicht an!« werden kaum dazu befähigen, ein ruhiges Gespräch zu führen. Also sehen wir uns neben dem Handeln auch das Denken an: In Kapitel 5 geht es unter anderem darum, wen wir verantwortlich machen, wenn etwas schiefgeht. Zudem können Sie erforschen, was Sie allgemein über Beziehungen denken: Glauben Sie an die Liebe auf den ersten Blick oder sind Sie überzeugt, dass eine Partnerschaft harte Arbeit ist?

Welche Ansprüche haben Sie an Ihre Beziehung und Ihren Partner? Stand Gemeinsamkeit auf Ihrer Liste der Erfolgsfaktoren oder eher das Wahren von Freiräumen? Wie sich solche Anforderungen auswirken, zeigen wir in Kapitel 6.

Neben alldem darf die Wertschätzung nicht zu kurz kommen. Das tut sie allerdings häufig – wann haben Sie Ihrem Partner das letzte Mal gesagt, was Sie an ihm lieben und schätzen? Nutzen Sie die Gelegenheit dazu in Kapitel 7!

In Kapitel 8 geht es weiter mit den Höhepunkten in der Beziehung – und den Tiefpunkten, die in längeren Beziehungen fast unvermeidlich sind. Wichtig ist vor allem, wie diese schwierigen Phasen bewältigt werden, und dazu hatten die von uns Befragten einiges zu erzählen. So erhalten Sie Hinweise, wie Sie es noch besser schaffen können, mit Ihrem Partner gemeinsam »durch dick und dünn« zu gehen.

Besonders glücklich schienen übrigens jene zu sein, deren Kinder bereits das Elternhaus verlassen hatten. Und so haben wir Kapitel 9 überschrieben mit »Die Kinder sind flügge, die Eltern glücklich«. Selbstverständlich können auch jüngere Paare zufrieden sein, wenn sie die Herausforderungen, die jede Phase im Zusammenleben mit sich bringt, zu meistern wissen. Welche zentrale Rolle der Nachwuchs spielt, zeigte sich schon im Erfolgsrezept, nannte doch ein beträchtlicher Teil der Befragten die lebenslange Verantwortung für die Nachkommen als wesentlichen Bestandteil der eigenen Partnerschaft.

Immer wieder werden Sie sich im Laufe der Lektüre fragen: Und warum mache ich das so? Warum denke und handle ich so? Woher kommt das? Einige Anhaltspunkte finden Sie in Kapitel 10, in dem es um den Einfluss Ihrer Herkunftsfamilie geht. Daneben trägt das soziale Umfeld seinen Teil bei, die finanzielle und berufliche Situation, der Freundeskreis. Immerhin fanden sich Finanzen und Besitz bei jedem Zehnten auf der Liste der Erfolgsfaktoren der Partnerschaft.

Und wenn Sie Ihre Liebesbeziehung am Ende gut durchdacht haben, können Sie anderen etwas von Ihrer Erfahrung und Ihrem Wissen weitergeben. Darum geht es in Kapitel 11.

Kapitel 12 bildet schließlich das Fazit und bemüht sich um eine zusammenfassende Antwort auf die Frage: »Was hält Paare zusammen?«

▨ Das Wichtigste auf einen Blick

- Am häufigsten werden Toleranz, Vertrauen und Offenheit, Liebe, konstruktive Kommunikation und Konfliktlösung, Gemeinsamkeiten sowie Solidarität und gegenseitige Unterstützung als Erfolgsfaktoren einer langjährigen Ehe genannt.
- Frauen nennen mehr Zutaten in ihrem Erfolgsrezept als Männer. Sie haben zudem häufiger Kommunikation und Konfliktlösung sowie die persönliche Entwicklung in der Partnerschaft auf der Liste, Männer hingegen Wertschätzung und Achtung.
- Neun von zehn Paaren stimmen in mindestens einer Zutat überein.
- Wenn beide Partner übereinstimmend Toleranz, Vertrauen oder Liebe für wichtig halten, sehen sie ihre Beziehung positiver, berichten weniger Konflikte und lösen diese konstruktiver.

▨ Was Sie als Paar mitnehmen können

- *Meine Macken, deine Macken …* Über Schwächen und Unzulänglichkeiten des anderen hinwegzusehen und ihn so zu akzeptieren wie er ist, das ist oft leichter gesagt als getan. Hilfreich kann sein, wenn Sie sich immer einmal wieder vor Augen führen, mit welchen

Macken Ihrerseits Ihr Partner sich abfindet, wie viel Toleranz er aufbringen muss. Überlegen Sie, warum Sie manches Verhalten des anderen stört, warum Sie sich so sehr daran stoßen. Das hängt vielleicht mit persönlichen Erfahrungen und Vorlieben zusammen. Oder aber es berührt grundlegende Wertvorstellungen, dann sollten Sie mit Ihrem Partner sprechen und einen Kompromiss suchen. Denn auf etwas zu verzichten, was einem selbst sehr wichtig ist, hat oft weniger mit Akzeptanz als mit Resignation zu tun, und das ist sicherlich kein Erfolgsfaktor glücklicher Beziehungen.

– *Wer einmal lügt...* Vertrauen und Offenheit haben wir nicht umsonst zusammengefasst, denn Vertrauen schaffen Sie in erster Linie dadurch, dass Sie den anderen in Ihr Leben einbeziehen und ehrlich miteinander sind. Wie wichtig es ist, dass man sich aufeinander verlassen kann, wird oft erst in Krisensituationen bewusst – oder wenn das Vertrauen bereits verspielt ist. Es wiederherzustellen ist eine der mühsamsten Aufgaben überhaupt. Jeder kennt das Sprichwort: »Wer einmal lügt, dem glaubt man nicht, auch wenn er dann die Wahrheit spricht«, und so ist es für den Partner, der sich hintergangen fühlt, schwer zu glauben, dass es dem anderen leid tut und er diesen Fehler nicht noch einmal begehen wird. Bei sexuellen Kontakten außerhalb der Partnerschaft ist das wochenlange Verschweigen beispielsweise meist ebenso verletzend wie der Seitensprung selbst. In diesem Sinne: Wehren Sie den Anfängen und versuchen Sie, auch Ihre Fehler offen und offensiv anzusprechen! Scheuen Sie sich nicht, professionelle Hilfe zu suchen, wenn das Vertrauen erschüttert ist, denn dann geht es für die Beziehung um Leben und Tod.

– *Gefühle in Verhalten übersetzen.* Zuneigung zu empfinden ist das eine, ganz wichtig ist jedoch auch, sie immer wieder zu zeigen, mit Worten und Gesten. Nicht umsonst ist im Wortsinne kein Gefühl, sondern ein Verhalten beschrieben: sich dem anderen zuneigen. Die Forschung zeigt, dass Partnerschaften nur dann Bestand haben, wenn es weit mehr positiven als negativen Austausch gibt. Lernen Sie also, Komplimente zu machen – einige Tipps dazu finden Sie in Kapitel 7.

– *Von Zeit zu Zeit ein neues Rezept.* Nehmen Sie ab und zu das Buch zur Hand, betrachten Sie Ihr Erfolgsrezept und bringen Sie es gegebenenfalls auf den neuesten Stand. Oder schreiben Sie auf, wie

Ihr Beziehungskitt wohl in fünf Jahren aussehen wird und vergleichen dann Ihre Vorhersage mit dem, was Sie nach Ablauf der Frist
wirklich an Erfolgsfaktoren nennen. Haben Sie es so prophezeit,
oder sind auf einmal ganz andere Faktoren wichtig? Das hat dann
vermutlich mit wichtigen Ereignissen der letzten Jahre zu tun, die
Sie gemeinsam erlebt und bewältigt haben.

- *Tauschen Sie (sich über) Zutaten aus.* Zeigen Sie sich gegenseitig Ihre
Erfolgsrezepte. Vielleicht überrascht Sie Ihr Partner und nennt ganz
andere Dinge, als Sie erwartet hätten. Vielleicht bringen Sie sich
gegenseitig so auf neue Ideen. Und: Austausch und Kommunikation – auch über die Vorstellung von der eigenen Beziehung – tragen ebenfalls zum Gelingen langjähriger Partnerschaften bei.

3 Die beiden Säulen glücklicher Beziehungen
Positivität und Konfliktkompetenz

»Die Liebe, welch' lieblicher Dunst!
Doch in der Ehe, da steckt die Kunst.«
Theodor Storm

Wir fanden in unserer Studie zwei Grundpfeiler einer Liebesbeziehung: eine positive Sicht auf diese sowie Konfliktkompetenz. Wer eine hohe Positivität aufweist, hat das Gefühl, sich auf den Partner verlassen zu können, fühlt sich mit ihm verbunden, ist zufrieden mit der sexuellen Beziehung und bereit, Verantwortung für den Fortbestand der Partnerschaft zu übernehmen.

Das Urvertrauen in den Partner

Fühlen Sie sich von Ihrem Partner akzeptiert? Können Sie sich ganz auf Ihren Partner verlassen? Fühlen Sie sich ihm nahe? Wenn Sie diese Fragen mit »ja« oder zumindest mit »meistens« beantworten können, dann leben Sie in einer sicheren Beziehung oder Bindung. Einen ausführlichen Selbsttest finden Sie in Kapitel 10.

Vielleicht ist Ihnen der Begriff »sichere Bindung« schon im Zusammenhang mit kleinen Kindern begegnet. Die Forschung hat gezeigt, dass einfühlsames und verlässliches Verhalten der Bezugsperson – zumeist der Mutter – in den ersten Lebensmonaten entscheidend dafür ist, ob ein Kind eine solche sichere Bindung entwickeln kann, eine Art Urvertrauen in andere Menschen. Diese frühen Erfahrungen wirken ein Leben lang nach. Doch sie sind veränderbar, zum Beispiel durch Erfahrungen in einer Liebesbeziehung.

Natürlich kann man eine Mutter-Kind-Beziehung nicht ohne weiteres mit einer Paarbeziehung vergleichen, denn das Kind steht in einem Abhängigkeitsverhältnis, kann ohne Bezugsperson nicht überleben. Dennoch lässt sich das Bindungskonzept gut übertragen, denn auch in einer Partnerschaft geht es um Verlässlichkeit, um Einfühlsamkeit und darum, so angenommen zu werden, wie man ist. Eine sichere Bindung gehört folglich zu den Grundlagen erfolgreicher Partnerschaften: Sie ist Bestandteil des Bündels von Beziehungsmerkmalen, das wir als wahrgenommene Positivität bezeichnen.

Verantwortung für die Partnerschaft

Zur Positivität gehört weiterhin, Verantwortung zu übernehmen für die Beziehung und deren Fortbestand – das sogenannte »Commitment«. Das kann verschiedene Hintergründe haben, die im Umfeld, in moralischen Vorstellungen oder aber in der Beziehung selbst liegen. So können beispielsweise das gemeinsame Haus, die gemeinsame Familie, Freunde oder die Verwandtschaft ein Paar zusammenschweißen. Die Gründe, die Beziehung aufrechtzuerhalten, haben dann weniger mit dem Paar selbst als mit seinem Kontext zu tun, wir sprechen von »strukturellem Commitment«. Für manche Eheleute ist es, getreu dem Eheversprechen »In guten wie in schlechten Zeiten, bis dass der Tod euch scheidet«, eine Frage der Moral, zusammenzuhalten und die Ehe auch bei größeren Schwierigkeiten nicht aufzulösen. Und schließlich kann man aus ganz persönlichen Motiven heraus Verantwortung für die Partnerschaft übernehmen: Weil man einander liebt, weil man sich in der Beziehung aufgehoben fühlt, weil man es genießt, mit dem anderen zusammen zu sein. Und eben dieses persönliche Commitment ist Bestandteil der wahrgenommenen Positivität.

✎ Test

Wie sieht es mit Ihrem »Commitment« aus? Welche Gründe sprechen dafür, Ihre Beziehung aufrechtzuerhalten?

Sie können den Großteil der Aussagen genauso gut bewerten, wenn Sie nicht verheiratet sind. Lediglich die Aussagen 4 und 6 beziehen sich auf das Eheversprechen.

Test für Sie:

① = stimmt überhaupt nicht ④ = stimmt eher
② = stimmt eher nicht ⑤ = stimmt voll und ganz
③ = teils/teils

Ich halte die Beziehung zu meinem Mann aufrecht, weil …

1. … ich mich in unserer Beziehung aufgehoben fühle.

   ① ② ③ ④ ⑤

2. … ich meinen Mann liebe.

   ① ② ③ ④ ⑤

3. … ich es genieße, Teil eines Paares zu sein.

   ① ② ③ ④ ⑤

4. … die Ehe ein Bündnis fürs Leben ist, das nicht gebrochen werden sollte.

   ① ② ③ ④ ⑤

5. ... ich mich schuldig fühlen würde, meinen Mann hängen zu lassen.

① ② ③ ④ ⑤

6. ... ich, wann immer ich etwas verspreche, es durchhalten und dazu stehen sollte, auch wenn es manchmal schwierig ist.

① ② ③ ④ ⑤

7. ... für mich all die Dinge, die im Falle einer Trennung anstünden, sehr schwierig zu bewältigen wären.

① ② ③ ④ ⑤

8. ... es schwierig für mich wäre, einen neuen Partner zu finden, wenn diese Partnerschaft enden würde.

① ② ③ ④ ⑤

9. ... ich viel in diese Partnerschaft investiert habe, was ich nicht verlieren möchte (z. B. Zeit, materiellen Besitz, Kindererziehung usw.).

① ② ③ ④ ⑤

10. ... es für meine Familie, meine Freunde oder Verwandten schwierig wäre, eine Trennung zu akzeptieren.

① ② ③ ④ ⑤

Bitte bewerten Sie jede Aussage und bilden Sie dann folgende drei Summenwerte:

Aussage 1–3:   Summe _____ (persönliches Commitment)
Aussage 4–6:   Summe _____ (moralisches Commitment)
Aussage 7–10: Summe _____ (strukturelles Commitment)

Test für Ihn:

① = stimmt überhaupt nicht   ④ = stimmt eher
② = stimmt eher nicht   ⑤ = stimmt voll und ganz
③ = teils/teils

Ich halte die Beziehung zu meiner Frau aufrecht, weil …

1. … ich mich in unserer Beziehung aufgehoben fühle.

   ①   ②   ③   ④   ⑤

2. … ich meine Frau liebe.

   ①   ②   ③   ④   ⑤

3. … ich es genieße, Teil eines Paares zu sein.

   ①   ②   ③   ④   ⑤

4. … die Ehe ein Bündnis fürs Leben ist, das nicht gebrochen werden sollte.

   ①   ②   ③   ④   ⑤

5. … ich mich schuldig fühlen würde, meine Frau hängen zu lassen.

   ①   ②   ③   ④   ⑤

6. … ich, wann immer ich etwas verspreche, es durchhalten und dazu stehen sollte, auch wenn es manchmal schwierig ist.

   ①   ②   ③   ④   ⑤

7. ... für mich all die Dinge, die im Falle einer Trennung anstünden, sehr schwierig zu bewältigen wären.

① ② ③ ④ ⑤

8. ... es schwierig für mich wäre, eine neue Partnerin zu finden, wenn diese Partnerschaft enden würde.

① ② ③ ④ ⑤

9. ... ich viel in diese Partnerschaft investiert habe, was ich nicht verlieren möchte (z. B. Zeit, materiellen Besitz, Kindererziehung usw.).

① ② ③ ④ ⑤

10. ... es für meine Familie, meine Freunde oder Verwandten schwierig wäre, eine Trennung zu akzeptieren.

① ② ③ ④ ⑤

Bitte bewerten Sie jede Aussage und bilden Sie dann folgende drei Summenwerte:

Aussage 1–3: Summe _____ (persönliches Commitment)
Aussage 4–6: Summe _____ (moralisches Commitment)
Aussage 7–10: Summe _____ (strukturelles Commitment)

(Test in Anlehnung an Johnson u. a., 1999)[1]

▧ Auswertung

Persönliches Commitment
Dahinter steckt die Bereitschaft, an der Beziehung festzuhalten, weil man sich wohl in ihr fühlt und sie eine hohe Bedeutung hat.

3–8 Ihr persönliches Commitment ist sehr niedrig, Sie fühlen sich offenbar nur wenig in Ihrer Partnerschaft zu Hause. Entsprechend ist es höchste Zeit, etwas zu unternehmen. Im weiteren Verlauf dieses Buches finden Sie zahlreiche Anregungen, vielleicht beginnen Sie mit dem Blick auf die positiven Seiten: Was macht Ihre Beziehung aus (Kapitel 2), was mögen Sie besonders an Ihrem Partner bzw. Ihrer Partnerin (Kapitel 7)? Oft hilft es, sich einmal unter professioneller Anleitung auszutauschen, beispielsweise in einer Paarberatungsstelle in Ihrer Nähe.

9–10 Ihr persönliches Commitment ist vergleichsweise niedrig, Sie identifizieren sich nicht besonders stark mit Ihrer Partnerschaft, und auch die Liebe scheint ein Stück weit erloschen zu sein. Doch ganz sicher ist es noch nicht zu spät, wenn Sie bereit sind, an sich und Ihrer Beziehung zu arbeiten. Vermutlich haben Sie im zweiten Kapitel doch einiges gefunden, was Ihre Partnerschaft ausmacht. In Kapitel 7 geht es darum, was Sie an Ihrem Partner besonders schätzen, vielleicht ist es ein guter Ansatzpunkt, sich (wieder) darauf zu besinnen.

11–15 Sie sind stolz auf Ihre Partnerschaft und wollen sie um ihrer selbst willen erhalten. Das ist eine wichtige Grundlage für dauerhaftes Beziehungsglück. Tun Sie folglich alles dafür, dass es genau so bleibt, wie es jetzt ist!

Moralisches Commitment
Das Eheversprechen hat für manche Menschen einen starken bindenden Wert, eine Trennung wäre mit Schuldgefühlen verbunden. Die von uns befragten Paare erreichten im Mittel einen Wert von 10. Wenn Sie nicht verheiratet sind, haben Sie vermutlich nur Aussage 5 bewertet. Im Schnitt liegen Sie entsprechend, wenn Sie Ihr Kreuz bei der 3 gemacht haben.

3–6 Sie messen Ihrer moralischen Verpflichtung, die Beziehung aufrechtzuerhalten, keinen hohen Wert bei. Diese Einstellung ist heute weit verbreitet, viele Paare wollen nicht länger als nötig in einer Partnerschaft verbleiben, in der sie nicht glücklich sind.

Manchmal freilich vergeben sie so die Chance, sich und ihre Beziehung positiv weiterzuentwickeln. Es lohnt sich in jedem Fall, an das Wachstum von Beziehungen zu glauben, das werden Sie in Kapitel 5 sehen.

7–12 Ihr moralisches Commitment bewegt sich im mittleren Bereich – und das ist gut so: Es kann Sie schützen, bei Problemen zu rasch aufzugeben, andererseits fühlen Sie sich nicht verpflichtet, in einer unglücklichen Beziehung auszuharren, bis dass der Tod Sie scheide.

13–15 Sie würden sich schuldig fühlen, wenn Sie Ihren Partner verließen und sind der Meinung, Ihr Eheversprechen in jedem Fall einhalten zu müssen. Es spricht sehr für Sie, dass Sie Ihre moralische Verpflichtung so ernst nehmen. Andererseits sind Sie bereit, einen hohen Preis dafür zu zahlen, wenn Sie in Ihrer Beziehung nicht glücklich sind. Es lohnt sich, an einer Beziehung zu arbeiten und nicht vorschnell aufzugeben. Doch achten Sie auch auf sich und Ihre eigenen Bedürfnisse.

Strukturelles Commitment
Eine Trennung bedeutet oftmals auch materiellen Verlust. Und sie bedeutet, wieder alleine zu sein. Auch diese Sorge kann eine Beziehung zusammenhalten.

4–7 Ihr strukturelles Commitment ist niedrig. Vielleicht haben Sie noch nicht viel gemeinsam investiert, haben noch keine Kinder, kein Eigenheim. Vielleicht räumen Sie sich gute Chancen ein, einen neuen Partner bzw. eine neue Partnerin zu finden. Ein niedriges strukturelles Commitment ist an und für sich nicht negativ, wichtig ist in erster Linie das persönliche Commitment.

8–15 Sie liegen im Mittelfeld, wollen also Ihre Investitionen nicht verlieren, ordnen Ihre Beziehung diesen aber nicht unter. Oder Sie haben Kinder und möchten, dass diese in einer intakten Familie aufwachsen. Das scheint eine vernünftige Einstellung, denn für gemeinsame Kinder und ein gemeinsames Haus lohnt es sich durchaus zu kämpfen – allerdings, wie Sie ganz richtig erkannt haben, nicht um jeden Preis.

16–20 Sie haben große Angst, im Falle einer Trennung Ihre Investitionen zu verlieren, Unverständnis von Ihrer Familie zu ernten und alleine zu sein. Das mag berechtigt sein und ist sicherlich schwer zu verkraften. Allerdings wird es Sie auf Dauer nicht zufriedenstellen, wenn Sie nur aus diesen Gründen in einer unglücklichen Beziehung verbleiben. Die Scheidungsforschung zeigt, dass eine konfliktreiche Partnerschaft, die aus strukturellen oder moralischen Gründen weitergeführt wird, sich oft negativer auf das Wohlbefinden der Kinder auswirkt als eine einvernehmliche Trennung, nach der beide Partner ihre Elternrolle weiter wahrnehmen. Das muss auf Sie aktuell freilich gar nicht zutreffen: Vielleicht ist Ihre Partnerschaft sehr glücklich, Ihr persönliches Commitment hoch. Dann können Sie sich an dem gemeinsam Erschaffenen freuen. ▨

Ein angenehmes »Paar-Klima«

Die Positivität bezeichnet weiterhin eine entsprechende Atmosphäre in der Partnerschaft, das heißt wenig Reibereien, Nörgeleien im Alltag und Kritik. Anders herum gesprochen bedeutet ein gutes Paar-Klima also das Gefühl, als Partner wirklich gut miteinander auszukommen. Das heißt jedoch keineswegs, dass keine Konflikte auftreten dürfen. Konflikte sind unvermeidbar, wenn zwei Personen und Persönlichkeiten aufeinandertreffen, entscheidend ist, wie mit ihnen umgegangen wird, doch dazu später mehr.

✎ Test

Wie erleben Sie das »Klima«, die »Atmosphäre« in Ihrer Partnerschaft?

Test für Sie:

① = stimmt überhaupt nicht ④ = stimmt eher
② = stimmt eher nicht ⑤ = stimmt voll und ganz
③ = teils/teils

1. Wir kommen wirklich gut miteinander aus.

   ①   ②   ③   ④   ⑤

2. In unserer Partnerschaft geht es harmonisch und friedlich zu.

   ①   ②   ③   ④   ⑤

3. In unserer Partnerschaft kommt es selten zu Reibereien.

   ①   ②   ③   ④   ⑤

4. In unserer Partnerschaft gibt es ziemlich wenig Streit.

   ①   ②   ③   ④   ⑤

5. In unserer Partnerschaft kann jeder seinen eigenen Interessen nachgehen, ohne dass der andere sauer wäre.

   ①   ②   ③   ④   ⑤

6. In unserer Partnerschaft achten wir darauf, dass jeder möglichst unabhängig und auf sich selbst gestellt sein kann.

   ①   ②   ③   ④   ⑤

7. In unserer Partnerschaft kann jeder ohne größere Einschränkungen machen, was er will.

① ② ③ ④ ⑤

8. In unserer Partnerschaft finden wir es ganz in Ordnung, wenn jeder seine eigenen Interessen vertritt.

① ② ③ ④ ⑤

9. Wir sind aktiv und unternehmungslustig.

① ② ③ ④ ⑤

10. Wir gehen oft ins Kino, besuchen Sportveranstaltungen oder machen Ausflüge.

① ② ③ ④ ⑤

11. In unserer Partnerschaft gibt es eine ganze Menge Freunde und Bekannte, mit denen wir häufig zusammen sind.

① ② ③ ④ ⑤

12. Bei uns vergeht kein Wochenende, ohne dass wir etwas unternehmen.

① ② ③ ④ ⑤

Bewerten Sie bitte jede Aussage und bilden Sie dann folgende drei Summenwerte:

Aussage 1–4:   Summe _____ (Verbundenheit)
Aussage 5–8:   Summe _____ (Unabhängigkeit)
Aussage 9–12: Summe _____ (Anregung)

Test für Ihn:

① = stimmt überhaupt nicht ④ = stimmt eher
② = stimmt eher nicht ⑤ = stimmt voll und ganz
③ = teils/teils

1. Wir kommen wirklich gut miteinander aus.

   ① ② ③ ④ ⑤

2. In unserer Partnerschaft geht es harmonisch und friedlich zu.

   ① ② ③ ④ ⑤

3. In unserer Partnerschaft kommt es selten zu Reibereien.

   ① ② ③ ④ ⑤

4. In unserer Partnerschaft gibt es ziemlich wenig Streit.

   ① ② ③ ④ ⑤

5. In unserer Partnerschaft kann jeder seinen eigenen Interessen nachgehen, ohne dass der andere sauer wäre.

   ① ② ③ ④ ⑤

6. In unserer Partnerschaft achten wir darauf, dass jeder möglichst unabhängig und auf sich selbst gestellt sein kann.

   ① ② ③ ④ ⑤

7. In unserer Partnerschaft kann jeder ohne größere Einschränkungen machen, was er will.

   ① ② ③ ④ ⑤

8. In unserer Partnerschaft finden wir es ganz in Ordnung, wenn jeder seine eigenen Interessen vertritt.

① ② ③ ④ ⑤

9. Wir sind aktiv und unternehmungslustig.

① ② ③ ④ ⑤

10. Wir gehen oft ins Kino, besuchen Sportveranstaltungen oder machen Ausflüge.

① ② ③ ④ ⑤

11. In unserer Partnerschaft gibt es eine ganze Menge Freunde und Bekannte, mit denen wir häufig zusammen sind.

① ② ③ ④ ⑤

12. Bei uns vergeht kein Wochenende, ohne dass wir etwas unternehmen.

① ② ③ ④ ⑤

Bewerten Sie bitte jede Aussage und bilden Sie dann folgende drei Summenwerte:

Aussage 1–4: Summe _____ (Verbundenheit)
Aussage 5–8: Summe _____ (Unabhängigkeit)
Aussage 9–12: Summe _____ (Anregung)

(Test in Anlehnung an Schneewind und Kruse, 2002; Copyright © 2002 by Verlag Hans Huber, Hogrefe AG, Bern mit freundlicher Genehmigung des Verlages Hans Huber)[2]

▓ Auswertung

Verbundenheit
Die Verbundenheit in Ihrer Partnerschaft ist hoch, wenn Sie einen starken Zusammenhalt und wenig Konflikte erleben. Entsprechend sind hohe Werte zuträglich, niedrige Werte abträglich für das Beziehungsglück.

4–13   Ihre Verbundenheit ist niedrig, Konflikte und Reibereien dominieren. Nun geht es darum, die positiven Seiten zu stärken: durch gemeinsame Unternehmungen, Zeit füreinander und vor allen Dingen gegenseitigen Respekt und Zuwendung.
Ansatzpunkte finden Sie beispielsweise in Kapitel 4, 5 und 7 dieses Buches, wenn es um Konfliktbewältigung, Ihre Art, über die Beziehung zu denken, und gegenseitige Wertschätzung geht.

14–18   Sie erleben hohen Zusammenhalt und eine geringe Konfliktneigung in Ihrer Partnerschaft – und sind damit auf dem besten Wege, Ihr Beziehungsglück lange zu erhalten. Die von uns befragten Frauen und Männer lebten allesamt in stabilen Ehen und erreichten im Mittel einen Summenwert um die 16.

19–20   Sie empfinden Ihre Partnerschaft als sehr harmonisch und fühlen sich Ihrem Partner sehr verbunden. Das ist positiv, solange es nicht dazu führt, dass Sie Konflikten um des lieben Frieden willens aus dem Weg gehen. Trauen Sie sich also anzusprechen, wenn etwas einmal nicht so läuft, wie Sie sich das vorstellen.

Unabhängigkeit
Die Aussagen 5–8 erfassen Ihre Unabhängigkeit oder Selbstständigkeit in der Paarbeziehung. Hohe Werte deuten auf ein geringes Maß an gegenseitiger Kontrolle hin.

4–11   In Ihrer Partnerschaft legen Sie sehr viel Wert auf Gemeinsamkeit und sind stark aufeinander bezogen. Entsprechend ist es für den Einzelnen schwer, seine Freiräume zu wahren und seinen Interessen nachzugehen. Dies ist jedoch wichtig, um sich weiterentwickeln und damit auch die Partnerschaft wieder bereichern zu können. Ein hohes Maß an Kontrolle kann das Gefühl geben, eingeengt, ja beengt zu sein. Sprechen Sie mit Ihrem Partner, welche Freiräume er in Ihrer Beziehung wahrnimmt, und wie er dies empfindet. Überlegen Sie gemeinsam, wie Sie Ihre Unabhängigkeit stärken können, ohne das Gefühl zu haben, es ginge zu Lasten Ihrer Partnerschaft.

12–16 Sie haben es geschafft, Ihre Freiräume zu wahren. Jeder von Ihnen gibt dem anderen die Möglichkeit, seine eigenen Interessen weiterzuverfolgen, ohne dass Sie dafür Ihre Zweisamkeit aufs Spiel setzen.

17–20 Eingeengt müssen Sie sich in Ihrer Beziehung ganz sicher nicht fühlen. Sie sind tolerant, respektieren die Interessen des anderen und geben ihm dafür Zeit. Doch Sie laufen Gefahr, dass Sie darüber Ihre Zweisamkeit aus den Augen verlieren. Weiteren Aufschluss bringt Ihnen die Auswertung zum Thema Anregung, denn gemeinsame Freizeitaktivitäten sind ein gutes Bindeglied.

Anregung
In den letzten vier Aussagen geht es um Ihre Freizeitgestaltung. Unternehmen Sie etwas als Paar, sorgen Sie so für Anregung und Aktivität?

4–10 Sie sind wenig unternehmungslustig und verbringen einen großen Teil Ihrer Freizeit zu Hause oder ohne Ihren Partner. Daran ist nichts auszusetzen, wenn Sie beide damit zufrieden sind. Oft erfordern auch die Lebensumstände, in der Freizeit ein wenig kürzer zu treten, weil einer der Partner krank oder beruflich sehr eingespannt ist oder weil kleine Kinder im Haus sind. Jedoch könnte es sein, dass einer von Ihnen beiden auf Dauer mehr Anregung wünscht und braucht. Gerade bei Paaren mit kleinen Kindern beobachten wir immer wieder, dass nach einigen Jahren bei den Partnern das Gefühl entsteht, nichts mehr zu erleben, sich nicht weiterzuentwickeln. Beugen Sie dem vor, indem Sie sich Zeit zu zweit reservieren und etwas gemeinsam unternehmen.

11–16 Sie legen Wert auf eine abwechslungsreiche gemeinsame Freizeitgestaltung und liegen diesbezüglich im goldenen Mittelfeld. Sie pflegen Ihren Freundes- und Bekanntenkreis, sind aktiv und unternehmungslustig – und sorgen so dafür, dass Ihre Partnerschaft in Schwung bleibt.

17–20 Langweilig wird es Ihnen sicherlich nie, denn in Ihrer Partnerschaft ist immer etwas los. Das bringt jede Menge Spaß und Anregung für Ihre Beziehung. Achten Sie aber darauf, dass Sie zwischendurch einmal zur Ruhe kommen und Ihre Unternehmungslust nicht in Freizeitstress ausartet. ■

Eine zufriedenstellende sexuelle Beziehung

Was noch fehlt im Bündel der positiven Beziehungsmerkmale, sind Erotik und Sexualität. Beides gehört zur Ehe dazu, nicht umsonst wird im juristischen Sprachgebrauch die Ehe »vollzogen«, wenn ein Paar miteinander schläft. Dabei geht es weniger um die Häufigkeit, denn die ist von Paar zu Paar ebenso unterschiedlich wie in verschiedenen Phasen des Beziehungslebens. Es gibt Paare, die nur einmal im Monat intim sind und dies als befriedigend und vollkommen ausreichend empfinden. Andere tauschen Zärtlichkeiten aus, wann immer sie sich treffen. Paare mit kleinen Kindern sind nachts oft eher mit dem schreienden Nachwuchs beschäftigt als miteinander. Bei älteren Paaren steht die sexuelle Beziehung meist ebenfalls nicht mehr so stark im Vordergrund.

Diese Beispiele zeigen: Es gibt keine Regeln, wie und wie oft Sexualität gelebt werden sollte. Gut ist sie dann, wenn beide Partner wirklich zufrieden sind. Nicht umsonst steht hier das Wörtchen »wirklich«, denn mit der Sexualität verhält es sich oft ähnlich wie mit dem Geld. Beides ist notwendig und wichtig, aber man redet nicht gerne darüber. Der eine hat Schwierigkeiten zu sagen, was er mag. Der andere äußert seine Bedürfnisse nicht, um den Partner nicht zu verletzen. Oder um ihn nicht unter Druck zu setzen, denn Sexualität unter Druck gelingt selten gut. Sexualität geht an die Grundfeste unserer Persönlichkeit, daran, ob und wie wir uns als Frau oder als Mann erleben. Kritik in Sachen Sexualität kann daher sehr kränkend sein und sollte entsprechend behutsam angebracht werden. Nicht über Sexualität zu reden ist jedoch mindestens ebenso gefährlich für eine Partnerschaft, denn die sexuelle Zufriedenheit hängt eng mit der generellen Beziehungszufriedenheit zusammen – und bildet daher den vierten und letzten Bestandteil der wahrgenommenen Positivität.

Die Basis von Positivität und Konfliktkompetenz

Die Positivität steht mit vielen anderen Bereichen der Beziehung in Zusammenhang, sie ist einer der beiden Grundpfeiler der

Partnerschaft. Der zweite ist die Konfliktkompetenz, also die Fähigkeit des Paares, Konfliktsituationen auf konstruktive Weise zu lösen. Das bedeutet, bei Auseinandersetzungen ruhig und beim Thema zu bleiben und nicht in die Vergangenheit oder auf Nebenschauplätze auszuweichen – unter dem Motto:»Das kenne ich schon, damals hast du ja auch …« Konfliktkompetenz heißt zudem, Kompromisse einzugehen und nicht grundsätzlich auf der Durchsetzung der eigenen Vorstellungen zu beharren. Zu vermeiden sind (verbale) Aggression sowie Rückzug, sie bringen einen keinen Schritt weiter und unterminieren langfristig die Beziehungsqualität. Mehr dazu lesen Sie im folgenden Kapitel, das wir der Streitkultur gewidmet haben.

Die beiden Grundpfeiler Positivität und Konfliktkompetenz stehen freilich nicht unverbunden nebeneinander, man muss sich eine Menge Querverstrebungen denken, fast wie eine Art Netz zwischen beiden. Denn wer seine Beziehung positiv erlebt, dem wird es leichter fallen, in Konfliktsituationen ruhig und konstruktiv zu reagieren. Wer fähig ist, sachlich zu diskutieren und Kompromisse zu schließen, wird sich in seiner Beziehung wohler fühlen.

Doch auf welchem Fundament stehen die beiden Grundpfeiler erfolgreicher Beziehungen? Hier schlagen Erfahrungen aus der Herkunftsfamilie und aus früheren Beziehungen zu Buche, allerdings spielen sie für die Positivität und Konfliktkompetenz in der aktuellen Beziehung keine dominante Rolle. Interessant ist daher, welche Bedingungen aktuell gegeben sein müssen, will man die Grundpfeiler stabilisieren.

Beginnen wir mit der *Positivität*:
– *Die Partnerschaft wird positiv erlebt, wenn die Denke stimmt:* Das heißt zum Beispiel, dem Partner nicht alle Schuld zu geben, wenn es Probleme gibt, auf die Fähigkeit zur gemeinsamen Problemlösung zu vertrauen und in Auseinandersetzungen nicht gleich das Ende der Beziehung zu sehen. Dienlich sind ferner hohe Ansprüche in Bezug auf Gemeinsamkeit, Gleichberechtigung und Investition in die Beziehung, denn wer viel fordert, setzt meist auch entsprechend viel in die Tat um (mehr dazu in Kapitel 6).

– *Die Partnerschaft wird positiv erlebt, wenn die Grundstimmung beider Partner positiv ist:* Sich entspannt, ruhig und wenig gestresst zu fühlen ist ebenso wichtig für eine positive Beziehungswahrnehmung wie der ausgewogene Umgang mit zeitlichen Ressourcen. Das heißt, die 24 Stunden des Tages gut auszubalancieren zwischen Zeit für sich selbst, für den Partner, die Familie, Freunde und Beruf bzw. Haushalt. Wer dies so schafft, dass er damit zufrieden ist und wenig Änderungsbedarf sieht, bewertet auch seine Beziehung positiver.

– *Die Partnerschaft wird positiv erlebt, wenn es nicht an gegenseitiger Unterstützung mangelt:* Wer dem anderen zuspricht, sich mit ihm solidarisiert und ihm auch ganz praktisch unter die Arme greift, wenn dieser unter Stress steht, stärkt die Beziehung.

– *Die Partnerschaft wird positiv erlebt, wenn die Familie gut funktioniert.* Dies ist dann der Fall, wenn beide Partner mit dem Familienleben zufrieden sind und das Gefühl haben, an einem Strang zu ziehen, wenn es darum geht, den Kindern Grenzen zu setzen, bei Regeln und Verboten. Es heißt weiter, dass beide genügend Nähe zwischen den Familienmitgliedern wahrnehmen, auf konstruktive Weise mit Schwierigkeiten umgehen und es genügend Freude und Spaß in der Familie gibt.

– *Die Partnerschaft wird positiv erlebt, wenn die Rahmenbedingungen stimmen:* Das ist zum einen die soziale Unterstützung durch Freunde, Bekannte, Verwandte und Nachbarn, aber auch die Zufriedenheit mit Arbeit, Wohnsituation und der finanziellen Lage. Geld macht nicht glücklich, aber finanzielle Schwierigkeiten können eine Beziehung sehr belasten und instabil machen.

– *Die Partnerschaft wird positiv erlebt, wenn die Zukunft rosig erscheint:* So sind diejenigen zufriedener, die auch ihrer Zukunft als Paar optimistisch entgegenblicken. Wer glaubt, dass die Nähe, die gemeinsamen Gespräche und Unternehmungen und die Qualität der sexuellen Beziehung sich verbessern oder auf hohem Niveau gleich bleiben werden, der freut sich in der Gegenwart mehr an dem, was er in seiner Beziehung hat.

Für die *Konfliktkompetenz* ergibt sich ein etwas anderes Bild:

– *Eine hohe Konfliktkompetenz geht einher mit Einfühlungsvermögen und emotionaler Stabilität:* Launisch, nachtragend, verletzlich und rechthaberisch zu sein, erschwert die Konfliktlösung beträchtlich. Sich in den anderen hineinversetzen und mit ihm fühlen zu können, sind wesentliche Voraussetzungen, um zu zufriedenstellenden Kompromissen zu kommen.

– *Eine hohe Konfliktkompetenz ist verknüpft mit Gedanken, die der Beziehung guttun:* Wer an die Beziehung glaubt und dem Partner nicht gleich böse Absicht unterstellt, wenn einmal etwas schiefläuft, schafft eine gute Grundlage für konstruktive Auseinandersetzungen.

Was sich in den Köpfen der Partner abspielt, ist also sowohl für die Positivität als auch für die Konfliktkompetenz entscheidend. Daher beschäftigen wir uns in Kapitel 5 noch einmal ausführlich mit förderlichen und abträglichen Gedanken. Während für die positive Beziehungswahrnehmung zudem vor allem der positive Blick in die Zukunft als Paar und die Zufriedenheit mit dem Familienleben eine wichtige Rolle spielen, sind es bei der Konfliktfähigkeit die persönlichen Eigenschaften der Partner.

Paarkonstellationen

Ausgehend von der Positivität und Konfliktkompetenz beider Partner lassen sich verschiedene Typen von Paaren unterscheiden. Vier besonders häufige wollen wir uns genauer ansehen. Selbstverständlich gibt es auch Mischkonstellationen, bei denen ein Partner z. B. hohe Positivität und Konfliktkompetenz aufweist, der andere hingegen niedrige Werte. Bei diesen Paaren hebt der kompetentere Partner die Beziehungsqualität und kann so manche Schwäche des anderen ausgleichen.

(1) **Positivität ↑ Konfliktkompetenz ↑.** Beide Partner sehen die Beziehung positiv und erleben sich als kompetent im Umgang mit Konflikten.

(2) **Positivität ↓ Konfliktkompetenz ↓.** Beide Partner haben

eine wenig positive Wahrnehmung der Beziehung und lösen Konflikte wenig konstruktiv.

(3) **Positivität ↑ Konfliktkompetenz ↓.** Beide Partner sehen die Beziehung positiv, sind aber wenig konfliktfähig.

(4) **Positivität ↓ Konfliktkompetenz ↑.** Beide Partner gehen Konflikte konstruktiv an, bewerten ihre Beziehung aber eher negativ.

Zwischen diesen vier Typen gibt es erhebliche Unterschiede in den zentralen Beziehungsmerkmalen.

Paare mit *hoher Positivität und Konfliktkompetenz* haben beziehungsförderliche Gedanken und Überzeugungen. Sie glauben nicht, dass Meinungsverschiedenheiten ihre Partnerschaft grundsätzlich gefährden und suchen die Schuld für unangenehme Ereignisse eher in äußeren Umständen als im Partner oder der Beziehung. Sie sind mit ihrem Familienleben zufrieden und empfinden die Aufgabenteilung bezüglich Haushalt und Kindererziehung als gerecht. Sie berichten vergleichsweise selten Tiefpunkte und erleben viele Bereiche der Partnerschaft als positiv. Beide Partner sind ausgeglichen und wenig nachtragend und sehen sehr positiv in die Zukunft. Sie beschreiben das Klima in der Familie, in der sie selbst aufgewachsen sind, als anregend und unterstützend. Entsprechende Werte wollen sie auch der kommenden Generation vermitteln und sie zur Gründung einer Familie ermutigen.

Paare mit *niedriger Positivität und Konfliktkompetenz* bilden den Gegenpol mit negativen Gedanken über den Partner und die Beziehung und problematischen Persönlichkeitsmerkmalen wie Reizbarkeit, Launenhaftigkeit und hohe Verletzbarkeit. Sie blicken pessimistisch auf die Gegenwart und Zukunft ihrer Beziehung, und auch ihr Rückblick auf die eigene Herkunftsfamilie fällt negativer aus als bei Paaren mit hoher Positivität und Konfliktkompetenz. Das heißt, sie beschreiben die Beziehung zu den eigenen Eltern als weniger eng und unterstützend und erlebten mehr Konflikte und Kontrolle. Gefragt, welches Motto sie dem Elternhaus ihrer Kindheit und Jugendzeit geben würden, führen sie häufiger als andere Paare an, der Schein nach außen sei entscheidend gewesen. Die Familienmitglieder mussten funktionieren, auf berufliches Fortkommen wurde viel Wert gelegt. Zudem empfinden diese Paare die Verteilung der Aufgaben und Pflichten in Haushalt und Kindererziehung als vergleichsweise ungerecht und sind mit ihrem Familienleben insgesamt und dem Zusammenklang in Erziehungsfragen unzufrieden. Als Grund, warum sie trotz schwieriger Zeiten in der Ehe verblieben, nennen Paare mit niedriger Positivität und Konfliktkompetenz häufiger die gemeinsamen Besitzstände und die geteilte Vergangenheit. Was sie miteinander aufgebaut haben, lässt sie mehr vor einer Trennung zurückschrecken als ihre Verbundenheit miteinander, das strukturelle Commitment steht im Vordergrund. Die Entwicklung ihrer Beziehung sehen sie in vielen Fällen durch (zunehmende) Distanz gekennzeichnet.

Auch Paare mit *hoher Positivität und niedriger Konfliktkompetenz* sind relativ unzufrieden mit der Aufgabenteilung in ihrer Partnerschaft. Andererseits erwähnen sie besonders viele Höhepunkte und wenig Tiefpunkte in ihrer Ehe. Möglicherweise ist hier die Erinnerung ein wenig im eigenen Interesse verzerrt: Wer weniger Krisen als solche erkennt bzw. benennt, braucht schließlich weniger Konfliktkompetenz, um sie zu bewältigen. Die Partner sind eher nachtragend und weniger einfühlsam als Männer und Frauen mit hoher Positivität und Konfliktkompetenz.

Bei Paaren mit *niedriger Positivität und hoher Konfliktkompetenz* ist der Blick in die Zukunft deutlich eingetrübt, sie glauben, dass sich die Qualität ihrer Beziehung eher noch verschlechtern wird. Die Entwicklung ihrer Partnerschaft beurteilen sie rückblickend vergleichsweise negativ und von größerer Distanz gekennzeichnet – ähnlich wie Paare mit niedriger Positivität und Konfliktkompetenz.

Paare mit hoher Positivität und Konfliktkompetenz verfügen demnach über viele Ressourcen und sind mit vielen Aspekten ihrer Beziehung sehr zufrieden. Etwas ungünstiger sieht es bei Paaren mit hoher Positivität und niedriger Konfliktkompetenz aus. Am ehesten gefährdet sind solche mit niedriger Positivität – insbesondere dann, wenn sich geringe Konfliktkompetenzen dazugesellen. Schon in der Einführung haben wir erwähnt, dass eine stabile Partnerschaft keineswegs auch eine glückliche sein muss. Paare, bei denen beide Grundpfeiler kaum die wünschenswerte Standfestigkeit erreichen, sind von Trennung und Scheidung bedroht oder gehören zur Kategorie der stabil-unzufriedenen. Ihr Fortbestehen hat meist weniger mit der Qualität der Beziehung zu tun, sondern eher mit äußeren Umständen oder einer gefühlten moralischen Verpflichtung.

▓ Das Wichtigste auf einen Blick

- Die zwei Grundpfeiler von Partnerschaften sind Positivität und Konfliktkompetenz. Positivität beinhaltet das Gefühl, in einer sicheren und verlässlichen Beziehung zu leben, sich verbunden zu fühlen mit dem Partner, persönliche Verantwortung für die Aufrechterhaltung der Partnerschaft zu übernehmen und zufrieden zu sein mit der sexuellen Beziehung. Von Konfliktkompetenz sprechen wir, wenn Auseinandersetzungen konstruktiv beigelegt werden können, ohne Rückzug und verbale Angriffe.
- Die Grundpfeiler ruhen auf unterschiedlichen Fundamenten. Konfliktkompetenz gründet sich vor allem auf beziehungsförderlichen Denkmustern und Persönlichkeitsmerkmalen wie Empathie und Ausgeglichenheit. Positivität ist zwar ebenfalls verknüpft mit der Art und Weise, wie die Partner über ihre Beziehung denken, doch mehr noch hängt sie mit einem optimistischen Blick in die Zukunft und der Zufriedenheit mit dem gemeinsamen Familienleben zusammen.
- Es lassen sich verschiedene Paarkonstellationen unterscheiden, wobei positive und konfliktkompetente Paare über viele Kompetenzen und Ressourcen in ihrer Beziehung verfügen, während wenig positive und wenig konfliktkompetente Paare von Trennung und Scheidung bedroht sind und bei Fortbestand der Beziehung zu den stabil-unglücklichen Ehen gehören.

▓ Was Sie als Paar mitnehmen können

- *Wie ist es um die Grundpfeiler Ihrer Beziehung bestellt?* Verfügen Sie über eine hohe Positivität, erzielen Sie hohe Werte beim persönlichen Commitment und genießen Sie die gute Atmosphäre in Ihrer

Partnerschaft? Auch Ihre Konfliktkompetenz können Sie nach der Lektüre dieses Kapitels bereits einschätzen, einen ausführlichen Selbsttest zu den einzelnen Konfliktlösungsstrategien finden Sie im folgenden Kapitel auf Seite 66 ff. Somit können Sie sich einem der Paartypen zuordnen:

Positivität ↑
Konfliktkompetenz ↑

Gratulation: Sie fühlen sich wohl in Ihrer Partnerschaft und sind in der Lage, Konflikte konstruktiv zu lösen. Machen Sie weiter wie bisher!

Positivität ↑
Konfliktkompetenz ↓

Sie fühlen sich sicher in Ihrer Partnerschaft und erleben eine starke Verbundenheit. Allerdings steht es mit Ihrer Konfliktlösung nicht immer zum Besten. Machen Sie weiter mit Kapitel 4.

Positivität ↓
Konfliktkompetenz ↑

Sie fühlen sich in der Lage, Ihre Konflikte konstruktiv beizulegen, sehen Ihre Partnerschaft jedoch nicht (mehr) allzu positiv. In den folgenden Kapiteln finden Sie viele Anregungen, die Sie darin unterstützen, dies zu ändern. Vielleicht kann es Ihnen helfen, sich auf die positiven Aspekte Ihrer Beziehung zu besinnen. Schauen Sie sich daraufhin Kapitel 2 nochmals an und machen Sie dann weiter mit Kapitel 7.

Positivität ↓
Konfliktkompetenz ↓

Mit Ihrer Beziehung steht es aktuell nicht zum Besten, doch das muss nicht so bleiben. Wichtig ist, dass Sie sich klarwerden, was Sie von Ihrer Beziehung erwarten und inwieweit Sie willens sind, um sie zu kämpfen, weil Sie an das Entwicklungspotential von Partnerschaften glauben. Machen Sie also weiter mit Kapitel 5 und 6.

– *Tauschen Sie sich aus.* Setzen Sie sich nach der Beantwortung der Selbsttests zusammen. Kommen Sie zu ähnlichen Ergebnissen oder nicht? Woran könnte es liegen, wenn Sie Ihre Beziehung – gerade im Hinblick auf die Positivität – unterschiedlich wahrnehmen? Wissen Sie Bescheid über die Wünsche und Bedürfnisse des anderen, gerade auch im sexuellen Bereich?

– *Sehen Sie es als Herausforderung!* Wenn es um Ihre Positivität und Konfliktkompetenz nicht ganz so gut bestellt ist, ist das kein Grund zum Verzweifeln, sondern vielmehr ein Anlass, an der eigenen Beziehung bzw. den eigenen Konfliktbewältigungsstrategien zu arbeiten. Konkrete Hinweise und Übungen finden sich im folgenden Kapitel, wenn es um das »richtige Streiten« geht. Weitere Informationen und Übungen zu beziehungsförderlichen Gedanken finden Sie in Kapitel 5 und 6.

– *Klopfen Sie sich auf die Schulter!* Wenn Sie beide Ihrer Partnerschaft hohe Positivität und sich selbst hohe Konfliktkompetenz bescheinigen, können Sie stolz auf sich sein. Denn dann war Ihre Beziehungsarbeit offensichtlich erfolgreich. Und Sie können sich frohen Mutes Gedanken darüber machen, wie Sie Ihre Beziehung für die Zukunft rüsten, um das hohe Niveau weiterhin zu erhalten.

4 Streiten, aber richtig!
Kommunikation, Konfliktlösung und Stressbewältigung

>*»Im Ehestand muss man sich*
>*hin und wieder streiten, sonst erfährt*
>*man ja nichts voneinander!«*
>Johann Wolfgang von Goethe

Konflikte gehören zu einer Beziehung wie das Amen zum Gebet. Schließlich treffen zwei Persönlichkeiten mit je eigenen Bedürfnissen, Wünschen und Vorstellungen aufeinander, und da ist es unwahrscheinlich, dass beide immer einer Meinung sind. Und doch gibt es Paare, die sagen, sie stritten nie – vielleicht, weil sie Konflikten aus dem Weg gehen oder einer stets nachgibt. Nichts Ungewöhnliches für den irischen Schriftsteller George Bernard Shaw, der einst folgende Unterscheidung traf: »Wer den Mund hält, wenn er merkt, dass er unrecht hat, ist weise. Wer den Mund hält, obwohl er recht hat, ist verheiratet.«

Die drei Arten, als Paar mit Konflikten klarzukommen

Auch John Gottman, ein bekannter amerikanischer Beziehungsforscher, kennt solche Paare. Er bezeichnet sie als »Konfliktvermeider«. Kennzeichnend sind eine vergleichsweise große Distanz und wenig wechselseitiger Austausch – im positiven Sinne wie im Streit. Die Partner betonen ihre Autonomie und versuchen, Streitigkeiten um jeden Preis zu vermeiden. Doch wenngleich so manches unter den Teppich gekehrt wird, sind diese Paare oftmals nicht weniger zufrieden als die »Konstruktiven«, die sich über wesentliche Konfliktpunkte ruhig, sachlich und kooperativ auseinandersetzen, und die die Gemeinsamkeit in der Beziehung betonen. Dritte im Bunde sind die »Impulsiven«, die Konflikte als Herausforderung sehen und als Möglichkeit, sich weiterzuentwickeln. Sie streiten gerne und engagiert und tauschen positive wie negative Gefühle offen aus. Sie fühlen sich in der Beziehung gleichberechtigt und betonen – ähnlich wie die Konfliktvermeider – die Unabhängigkeit beider Partner.

Zusammengefasst gibt es also diejenigen, die es gerne harmonisch haben, diejenigen, die versuchen, gute Kompromisse zu finden, und diejenigen, die einen Streit als eine Art reinigendes Gewitter begreifen und sich gerne auseinandersetzen. Alle drei Typen leben gut so, denn: In ihrem Austausch überwiegen positive Interaktionen deutlich über negative.

Damit wären wir bei der sogenannten »Gottman-Konstante«, dem vielleicht meistzitierten Zahlenverhältnis der Psychologie. Der »magische Quotient« 5:1 ist eine Art Faustregel für das Beziehungsglück, die John Gottman nach jahrelanger Beobachtung streitender Paare aufstellte.

John Gottmans »magischer Quotient«

Zufriedene Paare gleichen negative Interaktionen durch positive wieder aus – und zwar im Verhältnis

5 : 1

Zufrieden ist ein Paar demnach, wenn fünf positiven Beziehungsinteraktionen maximal eine negative gegenübersteht. Ein böses Wort ist also durch fünf liebevolle Sätze und Gesten, Komplimente und gute Worte auszugleichen. Und so geschieht es bei den »Konfliktvermeidern«, den »Konstruktiven« und den »Impulsiven«. Unzufriedene Paare hingegen sind feindseliger – sei es durch kühle Distanz oder wenig konstruktives Engagement in heftigen Konflikten. Sie zeigen ein weitaus ungünstigeres Verhältnis, es überwiegen oft sogar die negativen Beziehungsmuster, d. h. der magische Quotient sinkt unter den Wert von 1.

Stabile und instabile Partnerschaften

5 : 1 Verhältnis

lebhaft-impulsive Partnerschaft	feindselig-engagierte Partnerschaft
konstruktive Partnerschaft	feindselig-distanzierte Partnerschaft
konfliktvermeidende Partnerschaft	Instabilität durch dauerhaftes Unterschreiten des 5 : 1-Verhältnisses

Ein Wort der Vorsicht ist jedoch angebracht. Wer glaubt, er könne einen Schlag ins Gesicht mit Nasenbeinbruch durch fünf nacheinander überreichte Rosen wieder aus der Welt schaffen, wird damit keinen Erfolg haben. Die Bedeutung und Wertigkeit der positiven wie negativen Ereignisse ist immer mit zu berücksichtigen. Und noch etwas sollte nicht unerwähnt bleiben: Je höher der Quotient ausfällt, desto besser ist dies für die Beziehung. Es lohnt sich also durchaus, das Verhältnis von 5:1 noch zu überbieten.

Der sichere Weg in die »Beziehungs-Apokalypse«

Der Schlag ins Gesicht muss nicht handfest sein, auch verbale Schläge reichen aus. John Gottman nennt vier besonders destruktive Verhaltensweisen, die er in Anlehnung an die im Neuen Testament aufgeführten vier Geißeln der Menschheit (Krieg, Hunger, Pest und Tod) und an Albrecht Dürers berühmten Holzschnitt als »Apokalyptische Reiter« betitelt. Gemeint sind die »Beziehungskiller« Kritik, Rechtfertigung, Verachtung und Mauern. Kritik ist dabei nicht im Sinne eines konstruktiven Hinweises auf ein Fehlverhalten zu verstehen. Sie umfasst vielmehr Schuldzuweisung und eine generelle Verurteilung des Charakters des anderen, nach dem Motto: »Warum hast du schon wieder nicht eingekauft. Nie unterstützt du mich im Haushalt, obwohl ich dich schon tausendmal darum gebeten habe. Du übernimmst einfach keine Verantwortung und nutzt mich aus.«

Wie nun reagiert der unter Beschuss geratene Partner? Er rechtfertigt sich und schon kommt der zweite Reiter im Galopp. »Ich hatte keine Zeit, da ich so viel arbeiten musste.« Oder: »Du hast gar nicht gesagt, dass ich was einkaufen soll.« Beides wird vom wutschnaubenden Gegenüber bestenfalls überhört. Oder aber der andere steigt darauf ein, zumal er sich bei ersterer Argumentation vielleicht selbst angegriffen fühlt, dass er den überarbeiteten Partner so unter Druck setzt. Was herauskommt ist vermutlich: »Aber ich soll immer Zeit haben!« Und: »Dann organisier dich halt besser!« Oder aber im zweiten Fall: »Muss ich dir immer sagen, was du zu tun hast? Kannst du das nicht selbst? Bist du noch ein kleines Kind?«

Schnell gesellt sich somit der dritte Reiter dazu, die Verachtung: »Du kriegst einfach überhaupt nichts auf die Reihe, nicht mal das bisschen Haushalt! Kein Wunder, dass du es auch beruflich zu nichts bringst.« Oder zynisch-ironisch: »Du bist sicher im Beruf ein toller Macher!« Was bereits als kritischer Rundumschlag begann – schließlich wurden sowohl die Vergangenheit als auch das Wörtchen »nie« bemüht – setzt sich also in der Übertragung der Verachtung vom Haushalt in den Berufsbereich fort.

Am Ende steht das Mauern, der Rückzug. Ein Partner geht aus dem Raum, knallt die Tür hinter sich zu, verweigert das Gespräch. Ein Verhaltensmuster, das im Laufe der Jahre immer mehr zunimmt, wenn Konflikte derart unbefriedigend ablaufen. Und ein Verhalten, das bei Männern etwas häufiger auftritt. Zum einen, weil meist die Frauen die Konflikte auf den Tisch und damit den Mann in die Defensive bringen, zum anderen, weil Männer körperlich intensiver reagieren. Sie sind schneller und stärker erregt und versuchen dann ihre Anspannung durch Rückzug zu regulieren.

Streitsüchtige Frauen und konfliktscheue Männer?

Was entsteht, ist ein Kreislauf aus Forderung und Rückzug: Die Frau will etwas verändern, bringt unliebsame Themen zur Sprache, der Mann fühlt sich bedrängt und weicht aus oder mauert, die Frau fordert noch mehr und so weiter und so fort. Was harmlos beginnt, kann rasch eskalieren, wenn es den Partnern nicht gelingt, den Teufelskreis zu unterbrechen, der seine Energie vor allem aus den vier Apokalyptischen Reitern gewinnt.

Das Foderungs-Rückzugs-Muster

Fordern
(z. B. »Hilf mir bei der Hausarbeit!«)

Zurückziehen
(z. B. »Gleich, wenn die ›Sportschau‹ zu Ende ist.«)

Oft sind die Rollen so verteilt wie eben beschrieben, und vielleicht kommt George Bernard Shaw deshalb zu dem Schluss: »Die Liebe ist die Geschichte der Verfolgung des Mannes durch die Frau.« Doch das kann sich auch umkehren: Wenn der Mann ein wichtiges Anliegen hat, wird er zum Fordernden und die Frau zur »Verfolgten«. In unserer Stichprobe bestätigte sich jedoch weitgehend das klassische Forderungs-Rückzugs-Muster. So waren Frauen häufiger verbal aggressiv und weniger nachgiebig als Männer, Letztere zogen sich eher zurück. Humor setzten stärker die Männer ein, kann er doch als Möglichkeit taugen, den Kon-

flikt rasch beizulegen und sich so langen Diskussionen zu ent-
ziehen.

Hinter der Konfliktscheu mancher Männer steht dabei auch
eine eher pragmatische Auffassung von Auseinandersetzungen.
Diese werden als unangenehm empfunden, da sie mit Anspannung und negativen Gefühlen verbunden sind, und folglich sind
Männer oft möglichst rasch auf eine Lösung aus. Viele Frauen erleben Konflikte hingegen auch als Möglichkeit, einander näher-
zukommen – das steckt ja schon im Wort aneinandergeraten
(lateinisch: confligere) – und sind häufig mehr an den begleitenden Gefühlen interessiert als an der unmittelbaren Lösung.
So sprechen in mehr als 80 % der Fälle die Frauen die Probleme an. Und das ist gut so, glaubt man dem US-Schauspieler
Humphrey Bogart, der vor konfliktscheuen Partnerinnen warnt:
»Frauen, die lange ein Auge zudrücken, tun es am Ende nur
noch, um zu zielen.«

Die Streit-Macht

John Gottman hat später seinen vier Apokalyptischen Reitern
noch einen fünften hinzugesellt, den er im Englischen als »bel-
ligerence« (zu Deutsch etwa: aggressive Machtdemonstration)
bezeichnet. Dem Partner wird dabei in herablassend-zynischer
Weise vermittelt, dass er machtlos ist. Angewandt auf das darge-
stellte Beispiel könnten in der Endphase des Forderungs-Rück-
zugs-Kreislaufs etwa folgende Worte fallen, bevor es zum vor-
läufigen Beziehungsabbruch kommt: »Und damit du's endlich
weißt: Von dir lass ich mir schon gleich gar nicht sagen, was ich
zu tun habe. Basta.«

Auch in unserer Befragung zeigte sich, wie viel Konflikte mit
Macht zu tun haben. Wir baten die Ehepaare, eine Art Abbild
von schönen Ereignissen und Konfliktsituationen mit kleinen
Holzfiguren nachzustellen. Dies geschah in Anlehnung an ein
Testverfahren des Schweizer Forschers Thomas M. Gehring. Da-
bei wurde vor allem darauf geachtet, wie nahe beisammen die
Familienmitglieder standen (als Zeichen für Nähe bzw. Distanz)
und wie die Machtverhältnisse verteilt waren (man konnte ein-

zelne Figuren auf Podeste stellen und damit andere überragen lassen). In Konfliktsituationen waren sich die aufgestellten Personen weniger nahe als in angenehmen Situationen. Und auf Paarebene gab es bei Reibereien stärkere Hierarchieunterschiede zwischen Mann und Frau.

Optimal ist nach Gehring die Kombination aus mittlerer bis hoher Nähe und mittlerer Hierarchie. Vor allem sollten Eltern immer höher stehen als Kinder. Ist das Gegenteil der Fall, hat also ein Kind mehr Macht als die Eltern, steht sozusagen das Familiensystem kopf, da die Eltern nicht mehr klar in der Verantwortung sind und die Führungsrolle innehaben. Bei erwachsenen Kindern wirkt sich das vielleicht nicht allzu negativ aus, wohl aber bei kleineren Kindern, denen Grenzen und Orientierung fehlen.

Konflikte konstruktiv bewältigen

Das Gegenstück zu den Apokalyptischen Reitern ist die Konfliktkompetenz, die wir in Kapitel 3 bereits als einen Grundpfeiler erfolgreicher Partnerschaften kennengelernt haben. Sie ist gekennzeichnet durch ruhige und sachliche Auseinandersetzung sowie das Fehlen von Aggressivität (auch in Form von Anschreien und Schimpfworten) und von Rückzugstendenzen – keine Kritik, keine Verachtung und kein Mauern also. Auch Nachgiebigkeit war in unserer Untersuchung zuvorderst in zufriedenen Beziehungen anzutreffen. Von der eigenen Meinung abzurücken und sich den Wünschen des anderen anzuschließen ist freilich mit Vorsicht zu genießen, denn die wenigsten Menschen sind auf Dauer wirklich glücklich, wenn sie nur nach der Pfeife anderer tanzen. Gleichfalls zwiespältig ist Humor bei der Konfliktbewältigung. Er kann Konflikten die Spitze nehmen, aber auch das Gegenteil bewirken, wenn der andere das Gefühl hat, sein Partner lenke ab und nehme ihn nicht ernst, oder wenn Ironie und Sarkasmus ins Spiel kommen. Positiv wirkt sich Humor vor allem bei lange verheirateten Paaren aus, vermutlich, weil die Partner sich dann gut genug kennen, um die Reaktionen des anderen richtig einzuschätzen.

✎ Test

Der folgende Test ermöglicht es Ihnen, Ihr eigenes Konfliktbewältigungsverhalten und das Ihres Partners genauer unter die Lupe zu nehmen.

Test für Sie:

① = nie   ④ = häufig
② = selten   ⑤ = immer
③ = manchmal

Wie verhalten Sie sich bei Auseinandersetzungen Ihrem Mann gegenüber?

1. Ich bemühe mich, in Ruhe darüber zu diskutieren.

   ①   ②   ③   ④   ⑤

2. Ich bleibe beim Thema und spreche nicht noch andere Probleme an.

   ①   ②   ③   ④   ⑤

3. Ich suche nach einer Alternativlösung, die für uns beide akzeptabel ist.

   ①   ②   ③   ④   ⑤

4. Ich verhandle und schließe Kompromisse.

   ①   ②   ③   ④   ⑤

5. Es kommt vor, dass ich ihn beleidige.

   ①   ②   ③   ④   ⑤

6. Ich explodiere und mache meinem Ärger Luft.

① ② ③ ④ ⑤

7. Ich raste aus und sage Dinge, die ich später bereue.

① ② ③ ④ ⑤

8. Ich sage Dinge, die ihn verletzen.

① ② ③ ④ ⑤

9. Ich verfalle in Schweigen.

① ② ③ ④ ⑤

10. Ab einem bestimmten Punkt weigere ich mich, weiter darüber zu reden.

① ② ③ ④ ⑤

11. Nach einer Weile höre ich einfach nicht mehr hin.

① ② ③ ④ ⑤

12. Ich ziehe mich zurück und zeige mich uninteressiert.

① ② ③ ④ ⑤

13. Ich schließe mich seinen Wünschen an.

① ② ③ ④ ⑤

14. Ich gebe nach.

① ② ③ ④ ⑤

15. Es fällt mir leicht, von meiner Meinung abzurücken.

① ② ③ ④ ⑤

16. Ich bemühe mich, dem Konflikt mit Humor die Spitze zu nehmen.

   ①   ②   ③   ④   ⑤

17. Ich versuche, die Situation durch eine humorvolle Bemerkung aufzulockern.

   ①   ②   ③   ④   ⑤

Bewerten Sie bitte jede Aussage und bilden Sie dann folgende fünf Summenwerte:

Aussage 1–4:   Summe _____ (konstruktives Problemlösen)
Aussage 5–8:   Summe _____ (verbale Aggressivität)
Aussage 9–12: Summe _____ (Rückzug)
Aussage 13–15: Summe _____ (Nachgiebigkeit)
Aussage 16–17: Summe _____ (Humor)

Test für Ihn:

① = nie   ④ = häufig
② = selten   ⑤ = immer
③ = manchmal

Wie verhalten Sie sich bei Auseinandersetzungen Ihrer Frau gegenüber?

1. Ich bemühe mich, in Ruhe darüber zu diskutieren.

   ①   ②   ③   ④   ⑤

2. Ich bleibe beim Thema und spreche nicht noch andere Probleme an.

   ①   ②   ③   ④   ⑤

3. Ich suche nach einer Alternativlösung, die für uns beide akzeptabel ist.

   ①   ②   ③   ④   ⑤

4. Ich verhandle und schließe Kompromisse.

   ①   ②   ③   ④   ⑤

5. Es kommt vor, dass ich sie beleidige.

   ①   ②   ③   ④   ⑤

6. Ich explodiere und mache meinem Ärger Luft.

   ①   ②   ③   ④   ⑤

7. Ich raste aus und sage Dinge, die ich später bereue.

   ①   ②   ③   ④   ⑤

8. Ich sage Dinge, die sie verletzen.

   ①   ②   ③   ④   ⑤

9. Ich verfalle in Schweigen.

   ①   ②   ③   ④   ⑤

10. Ab einem bestimmten Punkt weigere ich mich, weiter darüber zu reden.

    ①   ②   ③   ④   ⑤

11. Nach einer Weile höre ich einfach nicht mehr hin.

    ①   ②   ③   ④   ⑤

12. Ich ziehe mich zurück und zeige mich uninteressiert.

    ①   ②   ③   ④   ⑤

13. Ich schließe mich ihren Wünschen an.

    ①   ②   ③   ④   ⑤

14. Ich gebe nach.

    ①   ②   ③   ④   ⑤

15. Es fällt mir leicht, von meiner Meinung abzurücken.

    ①   ②   ③   ④   ⑤

16. Ich bemühe mich, dem Konflikt mit Humor die Spitze zu nehmen.

    ①   ②   ③   ④   ⑤

17. Ich versuche, die Situation durch eine humorvolle
Bemerkung aufzulockern.

① ② ③ ④ ⑤

Bewerten Sie bitte jede Aussage und bilden Sie dann folgende
fünf Summenwerte:
Aussage 1–4: Summe _____ (konstruktives Problemlösen)
Aussage 5–8: Summe _____ (verbale Aggressivität)
Aussage 9–12: Summe _____ (Rückzug)
Aussage 13–15: Summe _____ (Nachgiebigkeit)
Aussage 16–17: Summe _____ (Humor)

(Test in Anlehnung an Kurdek, 1994)[3]

▣ Auswertung

In unserem Selbsttest sind fünf häufige Konfliktbewältigungsstrategien unterschieden. Konstruktives Problemlösen ist eindeutig funktional und positiv zu werten, für Rückzug und verbale Aggressivität gilt das Gegenteil. Hohe Werte in ersterer Strategie und niedrige in den beiden anderen gehören zur in Kapitel 3 vorgestellten Konfliktkompetenz. Humor und Nachgiebigkeit sind nicht so leicht einzuordnen. Sie können Konflikte entschärfen, aber auch zur Eskalation beitragen bzw. dazu, dass ein Partner nach und nach mit seinen Bedürfnissen ins Hintertreffen gerät.

Konstruktives Problemlösen
Dahinter verbirgt sich sozusagen das mustergültige Verhalten in Konflikten: Ruhe bewahren, beim Thema bleiben und Kompromisse finden. Entsprechend gilt: Je höher der Wert, desto besser.
4–11 Es fällt Ihnen schwer, ruhig und sachlich zu verhandeln. Dies jedoch ist eine wichtige Voraussetzung, um Konflikte zu einem guten Ende zu führen. Im weiteren Verlauf dieses Kapitels finden Sie Anregungen, wie Sie Ihre Konfliktkompetenz verbessern können. Es lohnt sich, auch einmal zu beobachten, was in Ihrem Kopf vorgeht, während Sie streiten. Mehr dazu steht in Kapitel 5.
12–16 Sie verfügen über gute Konfliktkompetenzen und sind bereit, Kompromisse zu schließen. Das ist eine wesentliche Voraussetzung für dauerhaftes Beziehungsglück, wie Sie bereits in Kapitel 3 erfahren haben – vor allem, wenn Sie auf verbale Aggressivität und Rückzug verzichten. Doch es lohnt sich noch weiterzuarbeiten, denn: zu konstruktiv kann die Konfliktlösung nicht sein.
17–20 Gratulation, Sie sind ein wahrlich konstruktiver Konfliktlöser! Machen Sie weiter so.

Verbale Aggressivität
Dass sich Paare auch einmal anschreien, ist nichts Außergewöhnliches und muss dem Beziehungsglück keinen Abbruch tun. Vorsicht ist allerdings geboten, wenn sich regelmäßig Misstöne und Beleidigungen ins Konfliktgespräch einschleichen. Der amerikanische Komiker Will Rogers brachte es auf den Punkt: »Eine Familie ist in Ordnung, wenn man den Papagei unbesorgt verkaufen kann.«

4–5 Sie gehen sehr vorsichtig miteinander um und bemühen sich, stets Ruhe und den guten Ton zu wahren. Das spricht für Sie, vor allem, wenn Sie sich nicht zurückziehen, sondern das konstruktive Gespräch suchen.

6–11 Sie gehören sozusagen zum guten Durchschnitt – die von uns befragten mehr als 1300 Ehepartner gaben im Schnitt einen Summenwert von knapp 9 an. Ab und an geht der Gaul mit Ihnen durch, und Sie bedienen sich eines Apokalyptischen Reiters der Konfliktlösung. In den meisten Fällen bleiben Sie jedoch sachlich und ruhig. Wenn dies so bleibt, wird Ihre Beziehung keinen größeren Schaden erleiden.

12–20 Explosionen gehören zu Ihrem Konfliktalltag. Das kann als eine Art reinigendes Gewitter die Beziehung beleben, doch es kann auch gewaltigen Schaden anrichten, wenn das Donnergrollen überhand nimmt und der Partner das Gesagte nicht einfach verzeihen kann. Überlegen Sie gemeinsam, wie Sie die Konfliktsituation entschärfen können. Sie können beispielsweise eine Auszeit oder ein Stoppschild einführen, bevor der Streit eskaliert, einen neutralen oder öffentlichen Ort für Ihre Auseinandersetzung wählen oder eine Person als Schlichter einladen. In diesem Kapitel finden Sie einige Anregungen dazu.

Rückzugsverhalten
Sich zurückziehen und mauern zählt zu den Apokalyptischen Reitern und führt in der Konfliktlösung nicht weiter. Hohe Werte sind also ein Warnsignal.

4–6 Rückzug ist für Sie keine Strategie der Wahl. Das ist gut so, denn kaum ein Konflikt lässt sich aussitzen, löst sich also durch Nichtstun. Wenn konstruktive Konfliktbewältigungsstrategien die von Ihnen bevorzugte Alternative sind, liegen Sie goldrichtig.

7–11 Ab und an klinken Sie sich aus, meist jedoch bleiben Sie im Konfliktgeschehen und beschreiten so einen Mittelweg. Tauschen Sie sich mit Ihrem Partner aus, wie er dies erlebt, denn manchmal ist einer von beiden sehr viel empfindlicher als der andere und deutet Rückzugstendenzen sofort als Desinteresse oder Ablehnung. In diesem Fall müssten Sie Ihr Konfliktverhalten gemeinsam überdenken.

12–20 Wenn der Konflikt zu heiß wird, ziehen Sie sich zurück und hören weg. Das mag momentan hilfreich sein, um Gefühle unter

Kontrolle zu halten und Eskalationen zu vermeiden. Doch es führt zu keiner Lösung und vermittelt Ihrem Partner, dass Sie ihn nicht ernst nehmen und nicht gewillt sind, sich mit ihm auseinanderzusetzen. Auf längere Sicht müssen Sie also Wege finden, wie Sie sich ins Konfliktgeschehen einbringen können, ohne ins andere Extrem zu verfallen und zu explodieren. Dazu kann es hilfreich sein, einmal die Gedanken und Befürchtungen anzusehen, die den Hintergrund des Konfliktes bilden. Und auch ein Blick in die Herkunftsfamilie mag aufschlussreich sein: Wie wurden dort Konflikte gelöst?

Nachgiebigkeit
Einlenken zu können ist etwas durchaus Positives, kippt jedoch ins Gegenteil, wenn einer der Partner seine Bedürfnisse zu rasch hintanstellt.

3–6 Nachzugeben zählt nicht zu Ihren Stärken, Sie wollen Ihre Meinung durchsetzen. Das kann sinnvoll und aus Ihrer Sicht gerechtfertigt sein. Wenn es zur grundsätzlichen Konfliktlösungsstrategie wird, bedeutet es jedoch, dass Sie die Meinung Ihres Partners nicht wertschätzen – oder zumindest für weniger wichtig halten als Ihre eigene. Das kann eine ganze Weile gutgehen, wenn Ihr Partner im Gegensatz zu Ihnen sehr nachgiebig ist. Doch Sie bringen sich und Ihre Partnerschaft um Entwicklungsmöglichkeiten – aus einer angeregten Diskussion lässt sich schließlich viel lernen.

7–10 Das eine Mal rasch nachgeben, ein anderes Mal unnachgiebig bleiben, das ist der Weg, den auch die meisten der von uns befragten Ehepartner einschlagen. Offenbar mit Erfolg, schließlich sind viele von ihnen schon Jahrzehnte glücklich verheiratet. Bleiben Sie also dabei, und meiden Sie die Extreme.

11–15 Es fällt Ihnen sehr leicht, von Ihrer Meinung abzurücken. So retten Sie sich und Ihren Partner vermutlich vor so manchem schweren Konflikt, doch Ihre Bedürfnisse bleiben auf der Strecke. Mischen Sie sich wieder ein! Ein Partner, der immer zu allem Ja sagt, erspart seinem Gegenüber so manchen Streit, bringt ihn aber auch um Abwechslung und Herausforderung.

Humor
Humor kann zur Konfliktlösung beitragen, man sollte jedoch vorsichtig sein, was die Dosierung angeht.

2–3 Humor bei der Konfliktlösung ist Ihre Sache nicht. Damit vermeiden Sie, in ein Fettnäpfchen zu treten, weil Ihr Gegenüber Ihren Scherz so gar nicht witzig findet. Andererseits bringen Sie sich um eine Möglichkeit, Konflikte sehr rasch und effektiv zu entschärfen.

4–7 Bei Ihnen scheint Humor in der richtigen Dosierung in die Konfliktlösung einzugehen. Es erfordert einiges an Fingerspitzengefühl und eine gute Einschätzung der Situation. Doch andererseits kann ein einziger humorvoller Satz die Gewitterwolken vertreiben und beide Konfliktparteien zum Lachen bringen. Besonders hilfreich kann sein, sich selbst auf die Schippe zu nehmen, denn das zeigt, dass man um seine eigenen Fehler weiß.

8–10 Vielleicht haben Sie beide sehr viel Humor, dann kann Ihre Strategie aufgehen. Ist dies nicht der Fall, schießen Sie in Ihrem Bemühen, den Streit zu deeskalieren, womöglich etwas über das Ziel hinaus. Vor allem ironische und sarkastische Bemerkungen gehören eher in die Kategorie Apokalyptische Reiter als zur konstruktiven Konfliktbewältigung. ▪

Und was macht Ihr Partner, wenn Sie streiten?

Füllen Sie denselben Test noch einmal aus, und nehmen Sie dabei Ihren Partner in den Blick: Wie verhält er sich in Konflikten, verhandelt er, zieht er sich zurück, lenkt er ein oder zeigt er Humor? Sie können wiederum Summenwerte bilden, die obige Auswertung passt auch hierfür. Noch interessanter ist jedoch der Vergleich mit dem, was Ihr Partner angekreuzt hat. Sehen Sie ihn so, wie er sich selbst sieht? Beurteilt er Ihr Konfliktlösungsverhalten ähnlich wie Sie das tun? Lassen Sie sich überraschen. Und diskutieren Sie ruhig, sachlich und humorvoll über Differenzen!

✎ **Test**

Test für Sie:

① = nie   ④ = häufig
② = selten   ⑤ = immer
③ = manchmal

Wie verhält sich Ihr Mann bei Auseinandersetzungen Ihnen gegenüber?

1. Er bemüht sich darum, in Ruhe zu diskutieren.
   ①   ②   ③   ④   ⑤

2. Er bleibt beim Thema und spricht nicht noch andere Probleme an.
   ①   ②   ③   ④   ⑤

3. Er sucht nach einer Alternativlösung, die für uns beide akzeptabel ist.
   ①   ②   ③   ④   ⑤

4. Er verhandelt und schließt Kompromisse.
   ①   ②   ③   ④   ⑤

5. Es kommt vor, dass er mich beleidigt.
   ①   ②   ③   ④   ⑤

6. Er explodiert und macht seinem Ärger Luft.
   ①   ②   ③   ④   ⑤

7. Er rastet aus und sagt Dinge, die er später bereut.

   ①   ②   ③   ④   ⑤

8. Er sagt Dinge, die mich verletzen.

   ①   ②   ③   ④   ⑤

9. Er verfällt in Schweigen.

   ①   ②   ③   ④   ⑤

10. Ab einem bestimmten Punkt weigert er sich, weiter darüber zu reden.

    ①   ②   ③   ④   ⑤

11. Nach einer Weile hört er einfach nicht mehr hin.

    ①   ②   ③   ④   ⑤

12. Er zieht sich zurück und zeigt sich uninteressiert.

    ①   ②   ③   ④   ⑤

13. Er schließt sich meinen Wünschen an.

    ①   ②   ③   ④   ⑤

14. Er gibt nach.

    ①   ②   ③   ④   ⑤

15. Es fällt ihm leicht, von seiner Meinung abzurücken.

    ①   ②   ③   ④   ⑤

16. Er bemüht sich, dem Konflikt mit Humor die Spitze zu nehmen.

    ①   ②   ③   ④   ⑤

17. Er versucht, die Situation durch eine humorvolle
    Bemerkung aufzulockern.

    ①   ②   ③   ④   ⑤

Bewerten Sie bitte jede Aussage und bilden Sie dann folgende
fünf Summenwerte:

Aussage 1–4:   Summe _____ (konstruktives Problemlösen
                                Partner)
Aussage 5–8:   Summe _____ (verbale Aggressivität
                                Partner)
Aussage 9–12:   Summe _____ (Rückzug Partner)
Aussage 13–15: Summe _____ (Nachgiebigkeit Partner)
Aussage 16–17: Summe _____ (Humor Partner)

Test für Ihn:

① = nie   ④ = häufig
② = selten   ⑤ = immer
③ = manchmal

Wie verhält sich Ihre Frau bei Auseinandersetzungen Ihnen gegenüber?

1. Sie bemüht sich, in Ruhe darüber zu diskutieren.

   ①   ②   ③   ④   ⑤

2. Sie bleibt beim Thema und spricht nicht noch andere Probleme an.

   ①   ②   ③   ④   ⑤

3. Sie sucht nach einer Alternativlösung, die für uns beide akzeptabel ist.

   ①   ②   ③   ④   ⑤

4. Sie verhandelt und schließt Kompromisse.

   ①   ②   ③   ④   ⑤

5. Es kommt vor, dass sie mich beleidigt.

   ①   ②   ③   ④   ⑤

6. Sie explodiert und macht ihrem Ärger Luft.

   ①   ②   ③   ④   ⑤

7. Sie rastet aus und sagt Dinge, die sie später bereut.

   ①   ②   ③   ④   ⑤

8. Sie sagt Dinge, die mich verletzen.

① ② ③ ④ ⑤

9. Sie verfällt in Schweigen.

① ② ③ ④ ⑤

10. Ab einem bestimmten Punkt weigert sie sich, weiter darüber zu reden.

① ② ③ ④ ⑤

11. Nach einer Weile hört sie einfach nicht mehr hin.

① ② ③ ④ ⑤

12. Sie zieht sich zurück und zeigt sich uninteressiert.

① ② ③ ④ ⑤

13. Sie schließt sich meinen Wünschen an.

① ② ③ ④ ⑤

14. Sie gibt nach.

① ② ③ ④ ⑤

15. Es fällt ihr leicht, von ihrer Meinung abzurücken.

① ② ③ ④ ⑤

16. Sie bemüht sich, dem Konflikt mit Humor die Spitze zu nehmen.

① ② ③ ④ ⑤

17. Sie versucht, die Situation durch eine humorvolle
Bemerkung aufzulockern.

① ② ③ ④ ⑤

Bewerten Sie bitte jede Aussage und bilden Sie dann folgende
fünf Summenwerte:

Aussage 1–4:   Summe _____ (konstruktives Problemlösen
Partner)

Aussage 5–8:   Summe _____ (verbale Aggressivität
Partner)

Aussage 9–12:   Summe _____ (Rückzug Partner)

Aussage 13–15: Summe _____ (Nachgiebigkeit Partner)

Aussage 16–17: Summe _____ (Humor Partner)

(Test in Anlehnung an Kurdek, 1994)

Goldene Regeln für gute Gespräche

Positive Interaktionen bestehen freilich nicht nur aus konstruktiver Konfliktbewältigung, sondern auch aus Kosenamen und Komplimenten und den kleinen liebevollen und hilfreichen Gesten wie dem Abschiedskuss oder einem Mitbringsel. Vor allem Frauen schätzen solche Aufmerksamkeiten sehr, wie sich in unserer Befragung zeigte (siehe Kapitel 7). Zuneigung, Wertschätzung und Interesse sind eng mit dem Beziehungsglück verknüpft. Wichtig ist neben aller erotischen Anziehung das freundschaftliche Band zwischen den Gatten. Der Partner ist oft auch der beste Kumpel, mit dem man über alles reden kann und mit dem man einfach gerne zusammen ist. Das sah der deutsche Philosoph Friedrich Nietzsche schon im 19. Jahrhundert: »Nicht der Mangel der Liebe, sondern der Mangel an Freundschaft macht unglückliche Ehen.« Auch ein gutes Gespräch lässt sich auf der Haben-Seite der Beziehung verbuchen, und dabei sind folgende Regeln zu beachten:

Wer konstruktiv diskutieren will, sollte immer bei sich und in der aktuellen Situation bleiben. Das heißt, der Satz beginnt in der Regel mit »ich«, nicht mit »du« oder »man«. Thema sind konkrete Verhaltensweisen zu genau benannten Zeitpunkten – und zwar solchen in der Gegenwart. Gefühle kommen ins Spiel, der Sprecher beschreibt, wie es ihm geht, was das Verhalten des anderen bei ihm auslöst. Statt: »Du hast schon wieder nicht eingekauft. Das ist immer dasselbe. Das ist typisch für dich, diese Unzuverlässigkeit. Seit Jahren muss ich dich antreiben« heißt es also beispielsweise: »Ich habe festgestellt, dass du heute nicht eingekauft hast. Das ärgert mich, denn nun muss ich noch los und etwas für das Abendessen holen. Ich fühle mich nicht unterstützt, schließlich mache ich ja auch meinen Teil im Haushalt.« Ihren Unmut in solche Worte zu fassen, können die Partner in Paarkommunikationstrainings wie z. B. dem Programm »Ein Partnerschaftliches Lernprogramm (EPL)« lernen, das vom Institut für Forschung und Ausbildung in Kommunikationstherapie e. V. in München entwickelt wurde und im Rahmen der kirchlichen Ehevorbereitung angeboten wird.

Sprechen

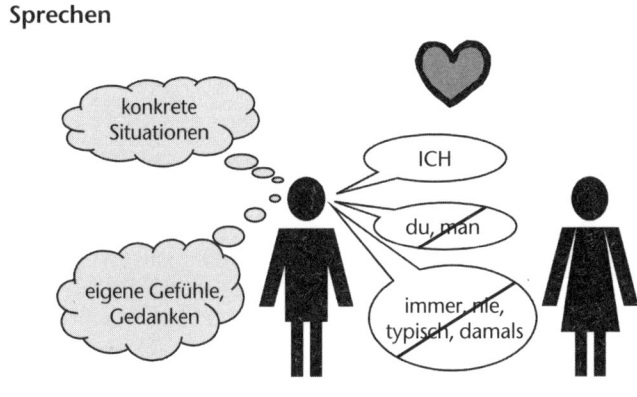

Der Zuhörer gibt eine Rückmeldung über seine Gefühle, er signalisiert auch nonverbal, dass er bei der Sache ist, z. B. indem er nickt. Er fragt nach, wenn er etwas nicht versteht oder es an einem Beispiel verdeutlicht haben will und fasst vielleicht zusammen, was bei ihm bis dato angekommen ist. Zudem gibt er dem Partner zu erkennen, wenn er dessen konstruktives Gesprächsverhalten schätzt.

Zuhören

Ein nächster Schritt besteht darin, die Sprecher- und Zuhörerfertigkeiten im Rahmen eines kontrollierten Dialogs anzuwenden, wobei beide Partner abwechselnd die Sprecher- und Zuhörerrolle übernehmen.

Kontrollierter Dialog

Technik, die sicherstellen soll, dass der Zuhörer versteht, was der Sprecher meint, um zu verhindern, dass man aneinander vorbeiredet (bei entscheidenden Gesprächen sinnvoll).

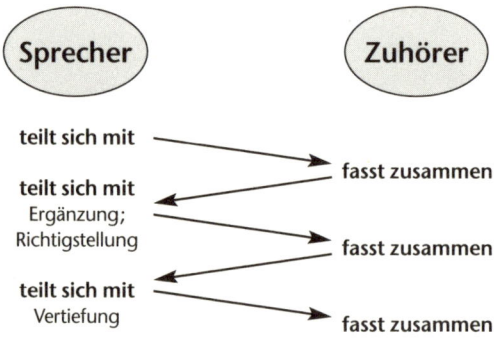

Der **Zuhörer** lernt, aufmerksam zuzuhören (anstatt sich bereits eine Antwort zu überlegen) und auf das tatsächlich Gesagte einzugehen, statt den Sprecher gleich zu interpretieren.

Der **Sprecher** lernt, seine Gedanken zu organisieren, sich genau auszudrücken und die Aufnahmekapazität des Zuhörers zu berücksichtigen.

Freilich kann ein solcher Dialog künstlich erscheinen, wenn der Zuhörer sich durch ständige Zusammenfassungen wie ein Papagei vorkommt oder bei Rückmeldungen wie »Gut, dass du das so offen angesprochen hast. Ich höre, ich habe dich verletzt« das Gefühl hat, er rede wie sein eigener Therapeut. Doch wer Verallgemeinerungen und Vorwürfe vermeidet, Gefühle anspricht und dem Partner zeigt, dass er ihm wirklich zuhört, der kann kritische Situationen nachhaltig entschärfen.

Streithähne in der Jugend, besonnen im Alter

Zur Beruhigung sei gesagt: Ein einzelner Ausrutscher hat wohl kaum eine Beziehung zerstört. Im Ton vergreifen sich offenbar vor allem jung verheiratete Paare. Besonders harsch in ihren Äußerungen zeigten sich in unserer Studie Frauen mit kleinen Kindern, vielleicht weil sie durch die hohe familiäre Belastung viele Forderungen stellen und rasch Kritikpunkte sehen.

Da sind ihnen Paare im »leeren Nest« oft um einiges voraus: Mütter und Väter, deren Kinder bereits den elterlichen Haushalt verlassen haben, lösen Konflikte häufiger konstruktiv, geben eher einmal nach, versuchen die Situation durch Humor zu entschärfen und leisten sich weniger verbale Ausrutscher – vor allem auch im Vergleich zu Paaren mit Jugendlichen. Das hat sicherlich mehrere Gründe: Zum einen rücken einige Konfliktfelder, wie die Kindererziehung, in den Hintergrund, das allgemeine Stressniveau sinkt. Zum anderen haben sich die Partner – ob sie nun Kinder haben oder nicht – im Laufe der Jahre in ihren Konfliktstilen aufeinander eingestellt.

Womöglich spielt im veränderten Generationenverhalten auch der Umstand eine Rolle, dass jüngere Paare sich heutzutage stärker auseinandersetzen als früher, weil die Erwartungen an den anderen höher sind. Neue Optionen in der Lebensgestaltung bieten Chancen, aber auch Risiken: Während früher für viele Frauen selbstverständlich war, dass sie sich alleine um die Kinder kümmerten, gibt es heute Diskussionen um die Häufigkeit des Windelwechselns und darüber, wer wie viel Zeit im Beruf oder mit Freunden verbringt.

Allerdings wollen wir nicht den Eindruck erwecken, ältere Paare stritten grundsätzlich konstruktiv und junge destruktiv. Es gibt von Paar zu Paar große Unterschiede – und das gilt für Paare jeden Alters.

Test

Vielleicht möchten Sie das »Konfliktniveau« Ihrer Partnerschaft bestimmen. Gibt es viele Streitpunkte oder sind Sie sich in weiten Bereichen einig? Worüber streiten Sie am häufigsten mit Ihrem Partner?

Test für Sie:

① = überhaupt nicht   ③ = teils/teils
    konfliktreich   ④ = eher konfliktreich
② = eher nicht konfliktreich   ⑤ = sehr konfliktreich

1. Geld

   ①   ②   ③   ④   ⑤

2. Freizeitgestaltung/Zeiteinteilung

   ①   ②   ③   ④   ⑤

3. Arbeitsteilung/Haushaltsführung

   ①   ②   ③   ④   ⑤

4. Sexualität

   ①   ②   ③   ④   ⑤

5. Beruf/Arbeit

   ①   ②   ③   ④   ⑤

6. Ansichten über Politik, Religion etc.

   ①   ②   ③   ④   ⑤

7. Persönliche Eigenheiten, Gewohnheiten, Bedürfnisse

① ② ③ ④ ⑤

8. Beziehungen zu Freunden, Verwandten

① ② ③ ④ ⑤

9. Kinder (falls Sie Kinder haben)

① ② ③ ④ ⑤

10. Sonstiges, nämlich _____

① ② ③ ④ ⑤

Test für Ihn:

① = überhaupt nicht
    konfliktreich
② = eher nicht konfliktreich

③ = teils/teils
④ = eher konfliktreich
⑤ = sehr konfliktreich

1. Geld

   ①   ②   ③   ④   ⑤

2. Freizeitgestaltung/Zeiteinteilung

   ①   ②   ③   ④   ⑤

3. Arbeitsteilung/Haushaltsführung

   ①   ②   ③   ④   ⑤

4. Sexualität

   ①   ②   ③   ④   ⑤

5. Beruf/Arbeit

   ①   ②   ③   ④   ⑤

6. Ansichten über Politik, Religion etc.

   ①   ②   ③   ④   ⑤

7. Persönliche Eigenheiten, Gewohnheiten, Bedürfnisse

   ①   ②   ③   ④   ⑤

8. Beziehungen zu Freunden, Verwandten

   ①   ②   ③   ④   ⑤

9. Kinder (falls Sie Kinder haben)

   ①　　②　　③　　④　　⑤

10. Sonstiges, nämlich _____

    ①　　②　　③　　④　　⑤

(Test in Anlehnung an Schneewind u. a., 1997)[4]

■ **Auswertung**

Richtwerte liefert wiederum die Befragung unserer Langzeitehepartner. Ziel ist nicht, gar keine Konflikte mehr zu haben, das wäre unrealistisch und nach Goethe ja auch nicht wünschenswert, da man sich dann nicht weiterentwickeln und besser kennenlernen kann. Jedoch sollten die Auseinandersetzungen nicht überhandnehmen. Als sonstige Konfliktbereiche nannten die Ehepartner übrigens ganz unterschiedliche, insbesondere aber Zigaretten und Alkohol, das Bewusstsein für Gesundheit und Ernährung, die Gestaltung des Hauses und den Bau des Eigenheims sowie abweichende Fernsehgewohnheiten.

Das Kreuz bei der 1
Wenn Sie in einigen Bereichen die 1 ankreuzen können, ist das schön für Sie, doch wenn dies überall der Fall ist, sollten Sie sich kritisch fragen, ob Sie Ihre Beziehung vielleicht zu positiv sehen und zu großen Wert auf Harmonie legen. Dass nichts Anlass zu Konflikten gibt, ist unwahrscheinlich, wenn man miteinander und nicht nur aneinander vorbei lebt.

Das Kreuz bei der 2 oder der 3
In den meisten Bereichen lagen unsere Ehepartner im Schnitt zwischen 2 und 3, sie berichteten also einige Konflikte, die jedoch nicht überhandnahmen. Mit einer 2 oder 3 befinden Sie sich demnach im guten Mittelfeld, und es besteht kein Grund, etwas zu ändern, wenn Sie nicht unter einzelnen Konflikten sehr leiden. Besonders konfliktträchtig sind übrigens die persönlichen Eigenheiten und der Bereich Kindererziehung. Auch bezüglich der Freizeitaktivitäten und der Aufgabenteilung im Haushalt gibt es eher einmal Reibereien. Hingegen lebten die von uns Befragten sehr harmonisch in Bezug auf religiöse bzw. Wertfragen und berufliche Dinge. Letzteres mag damit zusammenhängen, dass viele Paare eine traditionelle Rollenaufteilung wählten, die Frau also Kinder und Haushalt versorgt und der Mann einer externen Erwerbsarbeit nachgeht. Bei einem Doppelverdienerpaar mögen Beruf und Haushalt zu mehr Auseinandersetzungen Anlass geben, vor allem wenn Kinder im Spiel sind.

Das Kreuz bei der 4 oder 5
Wenn einzelne oder gar mehrere Bereiche eher oder sehr konflikt-reich sind, ist es an der Zeit, diese näher zu betrachten. Wie häufig streiten Sie darüber? Einmal im Monat, einmal pro Woche oder gar mehrmals wöchentlich? Woran entzünden sich die Konflikte? Wie nahe gehen Ihnen die Streitigkeiten emotional? Und wie nimmt Ihr Partner dies wahr? Oft hilft es, sich an Ausnahmen zu erinnern: Wann haben Sie nicht oder weniger darüber gestritten, und was haben Sie damals anders gemacht? So finden sich vielleicht Ideen, wie Sie konstruktiver mit strittigen Punkten umgehen können. Ganz wich-tig: Achten Sie auf Ihre Konfliktbewältigungsstrategien und geben Sie den Apokalyptischen Reitern keine Chance.

Wenn Konflikte sich addieren
Bilden Sie nun noch die Summe über die neun Bereiche. Im Schnitt liegen Sie, wenn Sie auf 16 bis 25 Punkte kommen, bei unseren Be-fragten waren es im Mittel 21. Wenn Sie kinderlos sind und nur die ersten acht Aussagen bewertet haben, verschiebt sich der Durch-schnittsbereich entsprechend und liegt bei 14 bis 22 Konfliktzählern. Haben Sie einen spezifischen zehnten Konfliktbereich ergänzt, bilden Werte zwischen 18 und 28 das Mittelfeld. Schwierig wird es, wenn sie in vielen verschiedenen Bereichen intensiv streiten oder in einzelnen Bereichen sehr stark unter den Auseinandersetzungen leiden.
Mehr als 80 % der von uns befragten Ehepartner gaben übrigens an, sich maximal ein- bis zweimal im Monat zu streiten, 15 % stritten ein-mal pro Woche, nur 1 % häufiger. Die Werte erscheinen eher niedrig, was mit der langen Ehedauer der Befragten zusammenhängen kann. In vielen Bereichen wurde im Laufe der Jahre eine weitgehende Einigkeit oder eine Art stillschweigende Übereinkunft erzielt. Auch ein Streit pro Woche ist also keine Gefahr für die Beziehung – sofern er konstruktiv ausgetragen wird. ■

Konflikte spielen sich auch im Kopf ab

Hintergrund dafür, wie Konflikte ablaufen und ausgehen, sind nicht zuletzt die Vorstellungen und Denkmuster der Beteiligten. Ein Fehlverhalten des Partners ärgert vor allem dann, wenn man glaubt, das sei typisch für den anderen und er mache es womöglich mit Absicht. Unpünktlichkeit bietet sich als Beispiel an: Es gibt Menschen, die kommen mit schönster Regelmäßigkeit eine halbe Stunde zu spät. Man kann sich fast schon darauf einstellen und würde sich am liebsten für 11.30 Uhr verabreden, wenn man sich um 12 Uhr treffen möchte. Warum ist der andere nie zur rechten Zeit am rechten Ort? Nicht immer steht er im Stau oder wird in der Arbeit aufgehalten. Es drängt sich also der Verdacht auf, das Verhalten, das so generell und stabil ist, also in unterschiedlichen Situationen immer wieder auftritt und sich als typische Eigenschaft des anderen darstellt, sei vermeidbar. Also wird man zumindest Nachlässigkeit, wenn nicht gar Absicht unterstellen. Und man wird wenig Lust haben, dem anderen seine Unzuverlässigkeit ewig nachzusehen – außer man gehört selbst zu den Unpünktlichen. Man ist ärgerlich, empfängt den anderen mit Vorwürfen und zieht ihn zur Rechenschaft – keine guten Voraussetzungen für eine konstruktive Auseinandersetzung. Die Art und Weise, wie wir uns einen Konfliktpunkt erklären, hat also nachhaltige Auswirkungen auf unsere Reaktion. Noch deutlicher wird das im folgenden Kapitel werden, wenn Anja mit Thomas' Unpünktlichkeit kämpft.

Zudem nimmt Einfluss, wie sehr ein Paar an seine Fähigkeiten glaubt: Wer überzeugt ist, auch schwierige Situationen gemeinsam meistern zu können, verhält sich bei Konflikten entsprechend konstruktiver. Eine Prophezeiung, die sich ein Stück weit selbst erfüllt. Ähnliches gilt für die Annahme, unterschiedliche Meinungen und Konflikte seien schädlich für die Beziehung – allerdings im negativen Sinne. Denn wie wir im nächsten Kapitel sehen werden, wirken sich solche Überzeugungen oft destruktiver aus als die Streitereien selbst.

Wer ohnehin unzufrieden ist, schreibt problematische Verhaltensweisen dem Charakter des Partners zu, unterstellt ihm Absicht und versucht, ihn durch Liebesentzug zu maßregeln. Unzufriedene Partner setzen gerne auf Bestrafung, wenn sie den anderen in eine bestimmte Richtung bewegen wollen. Dass das dauerhaft schlecht funktioniert, weiß man aus der Kindererziehung: Das geforderte Verhalten wird in der Regel nur so lange gezeigt, wie die Strafe droht, und diese muss immer weiter verschärft werden.

Für angenehme Erlebnisse zu zweit bleibt jedenfalls wenig Platz, zudem verschieben solche Strafaktionen die Hierarchien in der Beziehung: Statt gleichberechtigter Partner gibt es auf einmal so etwas wie den mächtigen, strafenden Erwachsenen und das böse, trotzige Kind. Die Streitigkeiten eskalieren und die Zufriedenheit sinkt – zumal meist jeder denkt, der andere habe angefangen. Dabei zergliedert man eine Interaktionssequenz so in Ursache und Folge, dass die (negative) Aktion vom anderen ausgeht, der Partner also den vermeintlich ersten Schritt getan und damit das Kriegsbeil ausgegraben hat. Will man gerade wiederholte Konflikte richtig verstehen, bietet es sich jedoch an, einmal »im Kreis zu denken«: die Aktionen bedingen sich gegenseitig, und mit der Suche nach der Henne und dem Ei kommt man nicht weiter.

Was steckt hinter dem Konflikt?

Ist ein Konflikt erst einmal eskaliert, wird man mit den goldenen Gesprächsregeln kaum weiterkommen, da keiner mehr Lust hat, Verständnis oder andere Gefühle als Ärger zu zeigen. Manchmal hilft dann eine Auszeit, in der beide Partner sich klar werden, was sie eigentlich nervt, was sie sich vom anderen wünschen und was sie selbst beitragen können, um das Beziehungsklima zu verbessern. Manchmal hilft auch, sich aufzuschreiben, was einem im Konfliktfall so durch den Kopf geht. Wenn man es sich in einer ruhigen Minute wieder durchliest, wird man möglicherweise erstaunt sein: denn neue Streitereien rühren oft an ganz alte Wunden. Nicht immer haben die eigenen Gefühle wirklich etwas mit dem Partner und der aktuellen Situation zu tun. Vielleicht fühlt man sich erinnert an frühere Beziehungen oder an Auseinandersetzungen in der Herkunftsfamilie. Die eigenen Reaktionen sind dann schwer nachvollziehbar für den Partner.

Machen Sie sich also bewusst, wofür oder wovor ein Konfliktmuster steht. Geht es um Nähe und Distanz, um Macht oder um Gleichberechtigung? Oder sind die Streitereien dienlich, um einer anderen Sache aus dem Weg zu gehen? So im Falle von Lukas und Daniela, die wegen ihrer andauernden Auseinandersetzungen eine Paartherapie aufsuchten. Es stellte sich heraus, dass die beiden immer dann stritten, wenn sie Zeit füreinander hatten. Die Auseinandersetzung begann pünktlich nach dem gemeinsamen Abendessen und dem Fernsehfilm, kurz bevor beide zu Bett gingen. Sie war demnach ein probates Mittel, um Intimität zu verhindern und entsprechend selten waren sexuelle Kontakte geworden. Daran anzusetzen, dass die Reibereien konstruktiver ablaufen, wäre in diesem Fall nicht der richtige Weg. Es geht vielmehr darum zu erkennen, warum Intimität gemieden wird – sozusagen »auf Konflikt komm raus«.

Dem anderen in Krisen zur Seite stehen

Hinter alltäglichen Streitigkeiten steckt oftmals schlichtweg Überforderung. Deshalb ist es wichtig, dem Stress entsprechend entgegenzuwirken. Paare, die sich bei Belastungen gegenseitig unter die Arme greifen, sind zufriedener als andere, die dies nicht tun, sie können sich stärker öffnen und Nähe zum anderen herstellen und sind in ihrem Umgang miteinander positiver. Unterstützung ist dabei auf mehrerlei Weise möglich: Man kann auf einer eher pragmatischen Ebene Informationen und Ratschläge weitergeben, quasi mit Rat und Tat zur Seite stehen. Und man kann den anderen emotional stärken durch Zuspruch, Wertschätzung, Solidarisierung oder auch durch Körperkontakt und Zärtlichkeit. Der Schweizer Stressforscher Guy Bodenmann hat für all diese Verhaltensweisen den Begriff »dyadisches Coping« eingeführt, was nichts anderes bedeutet als Bewältigung (Coping) in der Dyade, also zu zweit.

Wichtig sind diese Bewältigungsstrategien nicht nur, wenn beide Partner durch das stressauslösende Ereignis unmittelbar betroffen sind – beispielsweise wenn es Ärger mit dem gemeinsamen Kind oder dem Vermieter gibt. Entscheidend für das Beziehungsglück ist auch die Unterstützung, die einer dem anderen gewährt, wenn dieser unter Stress steht. Was sich zu einer Partnerschaftskrise auswächst, beginnt allzu oft außerhalb der Beziehung: mit einem Streit mit dem Freund oder einem Misserfolg in der Arbeit. Man kehrt enttäuscht und geladen nach Hause zurück, und es fehlt nur noch ein kleiner Tropfen, um das Fass zum Überlaufen zu bringen. Kommt dann Kritik vonseiten des Partners, ist der schönste Beziehungskonflikt im Gange – obschon die Vorgeschichte mit dem Partner gar nichts zu tun hatte.

Ein guter »Coper« würde nun seinen gestressten Liebsten aufmuntern, indem er beispielsweise mit ihm auf den bösen Chef schimpft, indem er ihm das Gefühl gibt, dass er nicht der Schuldige ist, sich also auf seine Seite stellt. Er würde mit Einverständnis des anderen vielleicht im Streit mit dem Freund zu vermitteln versuchen, den anderen im Haushalt entlasten und ihm kleine Erledigungen abnehmen, damit dieser Zeit hat, sich zu erholen. Ratschläge wären im ersten Moment sicherlich gefährlich, denn wer wutentbrannt nach Hause kommt, will zunächst in seinen Gefühlen bestätigt werden, bevor er gesagt bekommt, was er zu tun oder zu lassen hat. Sonst wird aus einem RATschlag rasch ein RatSCHLAG, der einen Gegenschlag provoziert: »Ich weiß schon, was ich zu tun habe, ich bin ja kein kleines Kind mehr ...« Informationen können ebenfalls hilfreich sein, beispielsweise wenn es darum geht, wo man anrufen kann, wenn man sich von Kollegen gemobbt fühlt, oder wer im Falle des Falles rechtlichen Beistand leisten kann.

Natürlich ist nicht jede Form vermeintlicher Unterstützung positiv zu werten. Hilfe kann den anderen auch abwerten, wenn er das Gefühl bekommt, er wird für inkompetent gehalten. Noch schlimmer als gar nichts zu tun ist es, Unterstützung anzubieten, die nicht ehrlich gemeint ist. Wenn beim anderen ankommt: »Du kannst mich schon anrufen – aber eigentlich nervt es mich, und ich hoffe, du lässt es«, kann von erfolgreicher Bewältigung keine Rede sein.

Gelungene gegenseitige Unterstützung in Stresssituationen hingegen stärkt das Wir-Gefühl, also das Gefühl von Gemeinsamkeit und Zusammenhalt in der Beziehung. Hohe Ansprüche an die Partnerschaft scheinen übrigens zur gemeinsamen Stressbewältigung zu motivieren, so zumindest bei den von uns befragten Ehepartnern. Wer von seinem Partner in hohem Maße Ähnlichkeit in puncto Wertvorstellungen sowie Gleichberechtigung und Investition in die Beziehung einfordert, der greift ihm in Stresssituationen stärker unter die Arme und fühlt sich selbst stärker unterstützt (Näheres dazu lesen Sie in Kapitel 6). Im Vorteil ist auch, wer sich nicht alleine auf den Partner verlässt, sondern sich zudem im sozialen Umfeld Unterstützung sichert, doch dazu mehr in Kapitel 10.

✎ Test

Wie gut können Sie als Paar Stress bewältigen? Testen Sie Ihr »dyadisches Coping«.

Test für Sie:

① = nie   ④ = häufig
② = selten   ⑤ = immer
③ = manchmal

Was tut *Ihr Partner*, wenn Sie gestresst sind?

1. Er gibt mir das Gefühl, dass er mich versteht.

   ①   ②   ③   ④   ⑤

2. Er hört mir zu, gibt mir Raum, mich auszusprechen.

   ①   ②   ③   ④   ⑤

3. Er unterstützt mich mit Rat und Tat, wenn ich Probleme habe.

   ①   ②   ③   ④   ⑤

4. Er gibt mir zu verstehen, dass er nicht mit meinen Problemen behelligt werden möchte.

   ①   ②   ③   ④   ⑤

5. Er nimmt sich zwar Zeit für mich, doch scheint er mit seinen Gedanken anderswo und nicht interessiert.

   ①   ②   ③   ④   ⑤

Was tun *Sie*, wenn Ihr Partner gestresst ist?

6. Ich gebe ihm das Gefühl, dass ich ihn verstehe.

① ② ③ ④ ⑤

7. Ich höre ihm zu, gebe ihm Raum, sich auszusprechen.

① ② ③ ④ ⑤

8. Ich unterstütze ihn mit Rat und Tat, wenn er Probleme hat.

① ② ③ ④ ⑤

9. Ich gebe ihm zu verstehen, dass ich nicht mit seinen Problemen behelligt werden möchte.

① ② ③ ④ ⑤

10. Ich nehme mir zwar Zeit für ihn, doch bin ich mit meinen Gedanken anderswo und nicht interessiert.

① ② ③ ④ ⑤

Bitte bewerten Sie jede Aussage und bilden Sie folgende zwei Summenwerte:
Wie Sie Ihren Partner unterstützen:
Summe (Aussage 6 bis 8) plus
(12 minus Summe Aussagen 9 und 10):

———————

Wie Ihr Partner Sie unterstützt:
Summe (Aussage 1 bis 3) plus
(12 minus Summe Aussagen 4 und 5):

———————

Test für Ihn:

① = nie   ④ = häufig
② = selten   ⑤ = immer
③ = manchmal

Was tut *Ihre Partnerin*, wenn Sie gestresst sind?

1. Sie gibt mir das Gefühl, dass sie mich versteht.

   ①   ②   ③   ④   ⑤

2. Sie hört mir zu, gibt mir Raum, mich auszusprechen.

   ①   ②   ③   ④   ⑤

3. Sie unterstützt mich mit Rat und Tat, wenn ich Probleme habe.

   ①   ②   ③   ④   ⑤

4. Sie gibt mir zu verstehen, dass sie nicht mit meinen Problemen behelligt werden möchte.

   ①   ②   ③   ④   ⑤

5. Sie nimmt sich zwar Zeit für mich, doch scheint sie mit ihren Gedanken anderswo und nicht interessiert.

   ①   ②   ③   ④   ⑤

Was tun *Sie*, wenn Ihre Partnerin gestresst ist?

6. Ich gebe ihr das Gefühl, dass ich sie verstehe.

   ①   ②   ③   ④   ⑤

7. Ich höre ihr zu, gebe ihr Raum, sich auszusprechen.

① ② ③ ④ ⑤

8. Ich unterstütze sie mit Rat und Tat, wenn sie Probleme hat.

① ② ③ ④ ⑤

9. Ich gebe ihr zu verstehen, dass ich nicht mit ihren Problemen behelligt werden möchte.

① ② ③ ④ ⑤

10. Ich nehme mir zwar Zeit für sie, doch bin ich mit meinen Gedanken anderswo und nicht interessiert.

① ② ③ ④ ⑤

Bitte bewerten Sie jede Aussage und bilden Sie folgende zwei Summenwerte:
Wie Sie Ihre Partnerin unterstützen:
Summe (Aussage 6 bis 8) plus
(12 minus Summe Aussagen 9 und 10):

_____

Wie Ihre Partnerin Sie unterstützt:
Summe (Aussage 1 bis 3) plus
(12 minus Summe Aussagen 4 und 5):

_____

(Test in Anlehnung an Bodenmann, 1995; Copyright © 2008 by Verlag Hans Huber, Hogrefe AG, Bern mit freundlicher Genehmigung des Verlages Hans Huber)[5]

▇ Auswertung

Wie Sie bei der Bewertung der Aussagen bemerkt haben, unterscheiden wir positives (Aussagen 1 bis 3) und negatives dyadisches Coping (Aussagen 4 und 5). Da die beiden letzten Fragen von den Werten her umgekehrt in die Summe eingehen, ist die Formel komplexer.

Wie Sie Ihren Partner unterstützen
Hohe Werte erzielen Sie, wenn Sie Ihrem Partner in Stresssituationen nicht nur emotional zur Seite stehen, sondern ihm auch tatkräftig Ihre Hilfe anbieten.
5–17 Sie liegen unter dem Durchschnitt, das heißt Ihr dyadisches Coping ist vergleichsweise niedrig. Sie haben nicht immer ein offenes Ohr für die Sorgen und Nöte Ihres Partners, reagieren manchmal sogar abweisend. Dagegen sollten Sie etwas unternehmen, denn die gegenseitige Unterstützung in Stresssituationen ist sehr stark mit der Zufriedenheit in der Beziehung insgesamt verknüpft. Sehr gute Anregungen bietet das Buch ›Stress und Partnerschaft‹ von Guy Bodenmann.
18–23 Ihr dyadisches Coping ist durchschnittlich ausgeprägt, die von uns befragten Ehepartner kamen im Schnitt auf einen Summenwert von 21. Das ist eine gute Grundlage, und vielleicht möchten Sie noch weiter an sich arbeiten. Sprechen Sie mit Ihrem Partner, was er sich in Krisenzeiten von Ihnen wünscht, und betrachten Sie gemeinsam, wie er Ihre Unterstützung einschätzt.
24–25 Ihr Partner kann sich glücklich schätzen, denn Sie unterstützen ihn, wo es nur geht. Wenn er dies genauso beurteilt wie Sie, haben Sie diesbezüglich das Maximum erreicht.

Wie Ihr Partner Sie unterstützt
5–16 Von Ihrem Partner fühlen Sie sich in stressigen Zeiten wenig unterstützt. Dafür kann es viele Gründe geben: Vielleicht hat er tatsächlich keine Lust, Ihnen zu helfen, vielleicht hat er aber auch selbst viel um die Ohren oder das Gefühl, Ihnen keine wahre Hilfe sein zu können. Oder aber Sie signalisieren nicht klar genug, wann Sie unter Druck stehen. Sprechen Sie mit Ihrem Partner und sehen Sie sich gemeinsam an, wie er selbst sein Unterstützungsverhalten beurteilt.

17–23 Ihr Partner ist ein »Durchschnitts-Unterstützer«. Das ist erfreulich, in vielen Situationen springt er Ihnen bei und hat ein offenes Ohr für Ihre Probleme. Doch vielleicht wünschen Sie sich noch etwas mehr? Dann wäre ein erster wichtiger Schritt, dass Sie Ihrem Partner mitteilen, wann Sie gerne mehr Unterstützung von ihm hätten, und wie diese aussehen könnte.

24–25 Gratulation, Ihr Partner lässt Sie in Stresssituationen nicht im Stich! Sagen Sie ihm, wie gut Sie sich unterstützt fühlen – Wertschätzung ist schließlich eine der wichtigsten Zutaten des Beziehungsglücks. ■

Selbstgespräche in der Badewanne

Ebenso wichtig wie der gemeinsame Umgang mit kritischen Situationen ist die individuelle Art, auf Belastungen zu reagieren. Wer mit sich nicht zu Rande kommt, dem hilft auch die beste Unterstützung durch seinen Partner auf Dauer wenig. Hilfreich sind positive Selbstgespräche und der Versuch, die Situation aus einem anderen Blickwinkel zu sehen, ferner alles, was dazu beiträgt, sich zu beruhigen und zu entspannen. Und auch eine gesunde Portion Optimismus bringt einen voran.

Plakativ zusammengefasst, tut der Gestresste im obigen Beispiel nach dem Streit mit seinem Freund gut daran, sich ein entspannendes Bad zu gönnen und sich selbst zu sagen: »Das ist alles nicht so schlimm, das wird schon wieder, vielleicht hat er das gar nicht so gemeint«, um danach den Freund anzurufen und sich offen mit ihm auszusprechen. Kritisch hingegen ist es, wenn die Gedanken im Negativen steckenbleiben, man sich zurückzieht, resigniert, sich vielleicht selbst abwertet und beschuldigt. Bezogen auf unser Beispiel hieße das, mit trüben Gedanken im Kopf zu Hause zu bleiben: »Das war so ungerecht von ihm, aber er wird sich nie entschuldigen. Sicher mag er mich nicht wirklich. Ich bin es einfach nicht wert …«, um dann zu versuchen, seinen Kummer mit einer Flasche Wein herunterzuspülen.

Die Konfrontation zu vermeiden zahlt sich in der Regel nicht aus, das zeigt auch die Angstforschung. Wer Angst vor Hunden hat und sie daher meidet, der wird nie erfahren, dass die meisten Hunde nicht beißen. Er wird sich vielmehr immer stärker in seine Befürchtungen verrennen, und so steht ihm am Ende schon der Angstschweiß auf der Stirn, wenn er einen Hund nur aus der Ferne sieht. Ähnlich ist es bei der Begegnung mit Menschen: Meidet man sie, da man eine Auseinandersetzung oder Ablehnung fürchtet, so fällt es mit der Zeit immer schwerer, wieder einen Schritt aufeinander zuzugehen.

Grundlage einer gelungenen gemeinsamen Stressbewältigung ist stets die Kommunikation. Denn wie soll der Partner unterstützen, wenn er gar nicht weiß, dass der andere unter Druck steht, weil dieser es ihm nicht mitteilt? Dass ein mitfühlender Partner alle Zeichen vom Gesicht ablesen kann, ist ein weit überzogener Anspruch (vgl. Kapitel 5). Wer alles mit sich alleine ausmachen will, ist im Nachteil, denn er bringt sich um die Unterstützung seines Umfelds – und damit um viele positive Interaktionen, das Guthaben auf dem »Beziehungs-Konto«.

▨ Das Wichtigste auf einen Blick

– Nach John Gottman gibt es drei positiv besetzte Konfliktbewältigungstypen: Die »Konfliktvermeider« gehen Reibereien aus dem Weg, die »Konstruktiven« versuchen, durch ruhige und sachliche Auseinandersetzung zu einem Kompromiss zu gelangen und die »Impulsiven« streiten gerne und heftig. Paare dieser drei Typen zeigen im Schnitt rund fünfmal so viel positive wie negative Interaktionen. Dieses Zahlenverhältnis ist die Glücksformel für die Partnerschaft.

– Besonders abträglich wirken sich harsche Kritik, Rechtfertigung, Verachtung und Rückzug (Mauern) aus. Auch die aggressive Demonstration der eigenen Macht führt in die »Beziehungs-Apokalypse«.

– Frauen bringen Konflikte in ca. 80 % aller Fälle auf den Tisch. Sie sehen Auseinandersetzungen oft als Chance, sich näher zu kommen und empfinden sie als weniger unangenehm als Männer, die auch körperlich stärker reagieren. So dringen Frauen häufig auf eine Klärung kritischer Punkte, Männer fühlen sich bedrängt und ziehen sich zurück.

– Konstruktive Gespräche können entstehen, wenn der Sprecher von sich und seinen Gefühlen spricht, in der gegenwärtigen Situation und beim Thema bleibt. Der Zuhörer zeigt, dass er bei der Sache ist, fasst zusammen, was bei ihm ankam, und meldet gegebenenfalls rück, welche Gefühle es bei ihm auslöste.

– Hintergrund jedes Konfliktes sind die Denkmuster der Beteiligten. Wem die Ursachen zugeschrieben und ob Auseinandersetzungen als schädlich erlebt werden, hat nachhaltige Auswirkungen auf die Art und Weise, wie Paare streiten. Zudem kann hilfreich sein, sich zu überlegen, was hinter dem Konflikt steckt. Welche Wünsche, Sehnsüchte oder auch Ängste sind beteiligt?

– Oft genug ist Stress der Auslöser unerquicklicher Streitigkeiten. Wichtig ist daher gegenseitige Unterstützung in Stresssituationen durch emotionalen Zuspruch, aktive Hilfestellung und Informationen. Ebenso muss jeder Partner für sich lernen, konstruktiv mit Anspannung umzugehen.

▦ Was Sie als Paar mitnehmen können

– *Wie reagieren Sie selbst in Konflikten?* Sind Sie manchmal laut und verletzend? Oder geben Sie immer nach, um den Frieden nicht zu gefährden? Vielleicht reagieren Sie unterschiedlich, je nachdem, mit wem Sie wann worüber streiten. Das kann auch ein Hinweis sein, dass mehr hinter einem Konflikt steckt als nur der aktuelle Auslöser.

– *Wie verhält sich Ihr Partner, wenn Sie streiten?* Denken Sie an seine typischen Verhaltensmuster, was gefällt Ihnen daran, was nicht? Was würden Sie sich wünschen? Und was wäre anders, wenn sich Ihr Wunsch erfüllen würde? Welche Auswirkungen hätte das auf Ihre Beziehung und auf Ihr eigenes Verhalten?

– *Schlagen Sie die Apokalyptischen Reiter in die Flucht!* Versuchen Sie, harsche Kritik, Rechtfertigung, Mauern und vor allen Dingen Verachtung so gut es geht zu vermeiden. Das ist nicht immer einfach, wenn Sie vor Wut kochen, doch diese Verhaltensweisen schaden Ihrer Beziehung. Denn damit greifen Sie den Partner in seiner Person an, was sehr verletzend wirkt. Manche Paare vereinbaren, sich eine Auszeit zu nehmen und nach einer halben Stunde wieder zusammenzukommen, um weiter zu diskutieren. Bisweilen kann es helfen, sich vorzustellen, man säße gerade in einer der nachmittäglichen Fernseh-Talkshows und streite sich vor einem Millionenpublikum. Weitere hilfreiche Übungen finden sich beispielsweise in John Gottmans Buch »Die 7 Geheimnisse der glücklichen Ehe«.

– *Üben Sie richtig zu streiten.* Schreiben Sie sich die Sprecher- und Zuhörerregeln auf ein Kärtchen und versuchen Sie, sich im Konfliktfall danach zu richten. Oder proben Sie den kontrollierten Dialog. Anfangs mag das sehr künstlich erscheinen, doch mit der Zeit ändern sich Wortwahl und Gesprächsverhalten – zum Besten für Ihre Partnerschaft.

– *Reflektieren Sie, was Sie denken,* wenn Sie sich streiten. Wie erklären Sie sich Konflikte und deren Auslöser? Sehen Sie Auseinandersetzungen als schädlich oder eher als Herausforderung? Glauben Sie, dass Sie als Paar in der Lage sind, Streitereien beizulegen und Krisen zu meistern? Wie war das in Ihrer Familie bzw. der Ihres Partners? Haben Sie gelernt, sich konstruktiv auseinanderzusetzen? Manchmal lassen sich die Gedanken und Gefühle in einem Satz zusammenmenfassen, z. B. »Ich mache ohnehin alles falsch« oder »Mir traut eh keiner etwas zu«. Solche Sätze haben ihren Ursprung meist in der Kindheit und halten sich hartnäckig, wenn man nicht versucht, sie durch neue Erfahrungen zu entkräften. Mehr zu Denkmustern und deren Einfluss auf die Liebe finden Sie im folgenden Kapitel 5.

– *Was sind Ihre »Dauerbrenner«?* Welche Konfliktthemen begleiten Ihre Beziehung seit Monaten und Jahren? Versuchen Sie herauszufinden, was dahinter stecken könnte: welches Bedürfnis, welcher Wunsch an Ihren Partner und Ihre Beziehung oder welche Furcht? Hat der Streit vielleicht seinen Nutzen, da er von etwas anderem ablenkt? Was würden Sie verlieren, wenn Sie sich darüber nicht mehr auseinandersetzen könnten? Was würden Sie andererseits gewinnen? Darüber können Sie sich mit Ihrem Partner austauschen – und dabei gleich wieder die goldenen Regeln für Sprecher und Zuhörer üben.

– *Stress lass nach!* Wie gehen Sie als Einzelner und als Paar mit Stress um? Schreiben Sie all Ihre Bewältigungsstrategien auf. Bewerten Sie diese Verhaltensweisen: Sind sie positiv oder negativ, bringen sie Ihrer Erfahrung nach langfristig Erleichterung oder nur kurzfristig? Überlegen Sie, ob und in welcher Weise Sie Ihre Umwelt überhaupt wissen lassen, wenn Sie unter Stress stehen. Was würden Sie sich in solchen Situationen von Ihrem Partner wünschen? Eher Ratschläge und Information, emotionalen Beistand oder dass er beispielsweise kleine Aufgaben für Sie übernimmt?

- *Stocken Sie Ihr »Beziehungs-Guthaben« auf!* Denken Sie an die 5:1-Regel und füllen Sie die positive Seite, wann immer es geht. Dies gelingt beispielsweise durch nette Worte, kleine Gesten und Unterstützung. Dann brauchen Sie sich über gelegentliche Streitereien keinen Sorgen zu machen, denn: die Basis stimmt! Lenken Sie Ihren Blick auf das Positive. Schreiben Sie eine Zeitlang all das auf, was Ihnen am Verhalten des anderen gut gefällt. Sie werden vielleicht erstaunt sein, wie viel Sie registrieren, wenn Sie darauf achten. Denn gerade in langjährigen Beziehungen wird manches als Selbstverständlichkeit erlebt, was der Partner an Zuspruch und Unterstützung bietet. Vielleicht überzeugen Sie Ihren Partner, gleichfalls ein positives Tagebuch zu führen. Wenn Sie sich dann über Ihre Aufzeichnungen austauschen, können Sie lernen, was dem anderen besonders wichtig ist – und in der Folge noch gezielter auf Ihr »Beziehungs-Konto« einzahlen.

5 Liebe geht durch den Kopf
Wie wir uns Beziehungen und negative Ereignisse erklären

> »Liebe ist die tätige Sorge für das Leben
> und das Wachstum dessen, was wir lieben.«
> Erich Fromm

Ist Liebe ein Schicksal, das uns widerfährt? Treffen sich also zwei Menschen und passen entweder (für immer) zusammen oder eben nicht? Oder glauben Sie wie Erich Fromm, dass Liebe wachsen kann und beständige Sorge erfordert?

Versuchen Sie, mit dem Test auf den folgenden Seiten Ihren Antworten auf diese Fragen auf die Spur zu kommen.

✎ **Test**

Nehmen Sie sich einige Minuten Zeit und überprüfen Sie, inwieweit Sie folgenden Aussagen zustimmen.

Test für Sie:

① = stimmt überhaupt nicht   ④ = stimmt eher
② = stimmt eher nicht   ⑤ = stimmt voll und ganz
③ = teils/teils

1. Eine erfolgreiche Beziehung hängt vor allem davon ab,
   ob man einen Partner findet, der von Anfang an zu einem
   passt.

   ①   ②   ③   ④   ⑤

2. Zwei Menschen, die eine Beziehung eingehen, sind dazu
   bestimmt, entweder miteinander auszukommen oder
   eben nicht.

   ①   ②   ③   ④   ⑤

3. Beziehungen, die nicht gut beginnen, werden
   unweigerlich fehlschlagen.

   ①   ②   ③   ④   ⑤

4. Zwei Menschen, die eine Beziehung eingehen, passen
   entweder zusammen oder eben nicht.

   ①   ②   ③   ④   ⑤

5. Die ideale Beziehung entwickelt sich mit der Zeit Schritt
   für Schritt.

   ①   ②   ③   ④   ⑤

6. Herausforderungen und Hindernisse in einer Beziehung können die Liebe sogar verstärken.

① ② ③ ④ ⑤

7. Eine erfolgreiche Beziehung entwickelt sich durch harte Arbeit (z. B. indem man bestehende Unverträglichkeiten aufzulösen versucht).

① ② ③ ④ ⑤

8. Eine erfolgreiche Beziehung hängt vor allem davon ab, ob man lernt, mit dem Partner Konflikte zu lösen.

① ② ③ ④ ⑤

Bewerten Sie bitte jede Aussage und bilden Sie folgende Summenwerte:

Aussage 1–4: Summe _____ (Beziehung als Schicksal)

Aussage 5–8: Summe _____ (Beziehung als Wachstum)

Test für Ihn:

① = stimmt überhaupt nicht   ④ = stimmt eher
② = stimmt eher nicht   ⑤ = stimmt voll und ganz
③ = teils/teils

1. Eine erfolgreiche Beziehung hängt vor allem davon ab, ob man einen Partner findet, der von Anfang an zu einem passt.

   ①   ②   ③   ④   ⑤

2. Zwei Menschen, die eine Beziehung eingehen, sind dazu bestimmt, entweder miteinander auszukommen oder eben nicht.

   ①   ②   ③   ④   ⑤

3. Beziehungen, die nicht gut beginnen, werden unweigerlich fehlschlagen.

   ①   ②   ③   ④   ⑤

4. Zwei Menschen, die eine Beziehung eingehen, passen entweder zusammen oder eben nicht.

   ①   ②   ③   ④   ⑤

5. Die ideale Beziehung entwickelt sich mit der Zeit Schritt für Schritt.

   ①   ②   ③   ④   ⑤

6. Herausforderungen und Hindernisse in einer Beziehung können die Liebe sogar verstärken.

   ①   ②   ③   ④   ⑤

7. Eine erfolgreiche Beziehung entwickelt sich durch harte Arbeit (z. B. indem man bestehende Unverträglichkeiten aufzulösen versucht).

① ② ③ ④ ⑤

8. Eine erfolgreiche Beziehung hängt vor allem davon ab, ob man lernt, mit dem Partner Konflikte zu lösen.

① ② ③ ④ ⑤

Bewerten Sie bitte jede Aussage und bilden Sie folgende Summenwerte:
Aussage 1–4: Summe _____ (Beziehung als Schicksal)
Aussage 5–8: Summe _____ (Beziehung als Wachstum)

(Test in Anlehnung an Knee, 1998)[6]

■ **Auswertung**

Beziehung als Schicksal
Wenn es der oder die Richtige ist, dann knistert es von Anfang an,
dann gibt es so etwas wie die Liebe auf den ersten Blick. Sind Sie auch
dieser Meinung?
4–9   Nein, dieser Meinung sind Sie nicht. Sie finden nicht, dass Beziehungen von Anfang an gut laufen müssen, um von Dauer sein zu
können. Wenn Sie voll auf das Entwicklungspotential von Beziehungen setzen, gehören Sie zu den »Kultivierern«, wie Sie im weiteren
Verlauf dieses Kapitels sehen werden. Allerdings haben wir festgestellt, dass in aller Regel diejenigen Paare am glücklichsten sind, die
zugleich an das Schicksal und das Wachstum glauben.
10–15   Sie glauben an das Schicksal, jedoch moderat. Das ist eine
gute Ausgangsbasis, wie sich in unserer Befragung zeigte. Am zufriedensten waren diejenigen Paare, die meinten, es müsse von Anfang an eine gewisse Passung vorhanden sein, die Beziehung könne
dann aber noch wachsen und reifen.
16–20   Sie sind voll und ganz der Meinung, zwei Menschen passen
entweder zusammen oder eben nicht. Bei Schwierigkeiten laufen Sie
Gefahr, rasch die Flinte ins Korn zu werfen, vor allem zu Beginn der
Beziehung. Denn wenn es der oder die Richtige wäre, gäbe es die
Probleme ja nicht. Daran kann so manche Beziehung scheitern, obwohl sie sich durchaus gut hätte entwickeln können. Besonders gefährlich wird es, wenn zudem Ihr Wachstumsglaube niedrig ist, wie
Sie gleich erfahren werden.

Beziehung als Wachstum
Wer Krisen als Entwicklungschancen sieht, wird stärker um die Beziehung kämpfen und sie nicht so rasch aufgeben.
4–12   Sie haben wenig Vertrauen in das Entwicklungspotential
einer Partnerschaft. Vielleicht haben Sie entsprechend schlechte Erfahrungen gemacht, die diese Einstellung berechtigt erscheinen lassen. Doch sie hilft Ihnen nicht weiter, ganz im Gegenteil: Sie laufen
Gefahr, bei Problemen zu schnell aufzugeben und nehmen sich und
Ihrem Partner die Chance, an Ihrer Beziehung zu arbeiten. Die Forschung zeigt: Veränderung ist möglich!
13–17   Ihre Wachstumsorientierung liegt im guten Durchschnitt.

Die von uns befragten Langzeitehepaare kamen im Schnitt auf einen Summenwert von 15, was sicherlich auch der Zeit geschuldet ist: Wenn ein Paar die Erfahrung gemacht hat, dass es Krisen gut überwunden hat, ja die Beziehung dadurch sogar noch fester und tiefer geworden ist, wird es eher an deren Entwicklungspotential glauben. *18–20* Sie sehen Herausforderungen als Chance und glauben, die ideale Beziehung entwickle sich erst im Laufe der Zeit. Mit dieser Einstellung sind Konflikte keine Katastrophe, es lohnt sich, um die Beziehung zu kämpfen. Ideal ist, wenn sich dazu auch noch ein wenig Schicksalsgläubigkeit gesellt. Mehr dazu erfahren Sie auf den nächsten Seiten. ▨

Beziehung als Schicksal oder als Wachstum?

In den Aussagen, die Sie gerade bewertet haben, stecken grundlegende Annahmen oder Theorien über Beziehungen. Die meisten Menschen machen sich darüber nicht explizit Gedanken, daher nennen Psychologen diese Art von Überzeugungen »implizite Beziehungstheorien«.

Der Glaube an Beziehung als Schicksal lässt Platz für romantische Vorstellungen von der »Liebe auf den ersten Blick«. Sicherlich kennen Sie Paare, die den Anfang ihrer Beziehung als plötzliches und unerwartetes Ereignis beschreiben: Es traf sie wie ein Blitz, und sie wussten: Das ist der oder die Richtige. Johannes lernte seine Frau Ilona bei einem Tanzfest kennen: »Sie stand da, in so einem weiten blauen Kleid, mit zwei Freundinnen, und ich wusste sofort: Die gefällt dir, die wär was für dich.« Ilona dagegen war nicht gleich überzeugt: »Also, der Hannes ist eigentlich nicht so mein Typ, der war so schick angezogen, Gel im Haar, und ich hatte immer mehr so den Jeans-Typ. Als er mit mir tanzen wollte, dachte ich, na ja, was soll's, einen Tanz kannst du ja machen. Er hat dann aber nicht lockergelassen, und mit der Zeit habe ich mich immer mehr in ihn verliebt.«

Johannes ereilten die Gefühle zu Ilona wie ein Schicksalsschlag, doch anfangs stieß er auf wenig Gegenliebe. So war auf beiden Seiten eine gehörige Portion Glaube an das Wachstum der Beziehung nötig. Johannes blieb hartnäckig und wurde dafür belohnt. Wäre er der Meinung gewesen, bei der Richtigen müsste vom ersten Augenblick an alles passen, hätte er es wohl bei einem Tanz mit Ilona bewenden lassen.

Die beiden Beziehungstheorien sind nicht so gegenläufig, wie es zunächst scheint, sie ergänzen sich in gewisser Weise – so wie bei Johannes eben.

Der Gärtner und das Pflänzchen Liebe

Raymond Knee, der sich als Forscher eingehend mit Theorien über Beziehungen beschäftigt, würde Johannes den »Optimierern« zuordnen: Sie glauben an das Schicksalhafte einer Beziehung, aber auch an deren Entwicklungspotential. Die »Kultivierer« hingegen messen dem Wachstumspotential viel Wert bei und sehen die anfängliche Passung als nicht so wichtig an. Genau umgekehrt ist es bei den »Evaluierern«, die nur solchen Beziehungen eine Chance geben, die bereits zu Beginn sehr gut funktionieren. Und die »Hilflosen« glauben weder an das Schicksal noch an das Wachstum und damit gar nicht so recht an den Erfolg einer Partnerschaft.

Vergleichen wir die Liebe mit einer Pflanze und nehmen wir an, der Gärtner wäre ein Optimierer, so würde er für ein ausgesuchtes Pflänzchen einen möglichst guten Platz wählen, es gießen, düngen und vor zuviel Sonne schützen, auf dass es gut gedeihe. Ein Evaluierer hingegen würde sehr genau überlegen, eben evaluieren, welche Pflanze am besten in seinen Garten passt. Denn nach sorgsamer Prüfung und behutsamem Einpflanzen will er nicht mehr allzu viel in die Pflanze investieren. Wenn es denn die richtige Sorte ist, so wird sie schon wachsen. Der Kultivierer würde bei der Auswahl weit weniger Sorgfalt walten lassen, denn er ist der Meinung, dass mit der richtigen Pflege fast jedes Pflänzchen in seinem Garten heimisch werden kann. Und der Hilflose glaubt weder an seinen grünen Daumen noch daran, dass die richtige Sorte auch richtig gut wächst.

Wie steht es mit Ihnen und Ihrem Pflänzchen Liebe? Wenn Sie den Eingangstest (Seite 108 ff.) ausgefüllt haben, können Sie nun feststellen, welcher Typ »Gärtner« Sie sind.

Wachstum ↑ Schicksal ↑

Sie gehören zu den **Optimierern**. Die Beziehung fängt sozusagen schon gut an, und Sie holen das Beste heraus. Das ist die richtige Einstellung, denn: Die Optimierer erwiesen sich in unserer Befragung als die Zufriedensten!

Wachstum ↑ Schicksal ↓

Als **Kultivierer** glauben Sie vor allem an das Wachstum von Beziehungen, und so hegen und pflegen Sie das Pflänzchen Liebe, auf dass es gut gedeihe. Das ist eine lohnenswerte Einstellung, denn wer an das Wachstum glaubt, denkt positiver über seine Beziehung. Ideal wäre jedoch, wenn sich dazu noch ein wenig Schicksalsglaube gesellte.

Wachstum ↓ Schicksal ↑

Der **Evaluierer** setzt ganz auf das Schicksal: Entweder das richtige Pflänzchen trifft auf den richtigen Boden oder es wird unweigerlich eingehen. Diese Einstellung ist gefährlich, denn jede Beziehung erfordert Arbeit und Investition. Ganz ohne Zuwendung kann auch die schönste Pflanze nur schwer überleben.

Wachstum ↓ Schicksal ↓

Wenn Sie niedrige Werte in der Schicksals- und der Wachstumsorientierung haben, dann fallen Sie in die Kategorie der **Hilflosen**. Vielleicht versuchen Sie einmal herauszufinden, warum Sie denken, wie Sie denken – um den Einfluss früherer Erfahrungen in der Familie geht es in Kapitel 10. Möglicherweise haben Sie schlechte Erfahrungen in Ihrer Beziehung gemacht – jede Partnerschaft hat ihre Höhen und Tiefen, es kommt auf deren Bewältigung an (vgl. Kapitel 8).

Wer an das Wachstum glaubt, sucht die Herausforderung

Die Forschung zeigt, dass Menschen, die an die Schicksalhaftigkeit von Beziehungen glauben, stärker nach Anerkennung und Wertschätzung ihrer Person streben. Sie wollen genau so geliebt werden, wie sie sind – nachvollziehbar, denn ihr Vertrauen in die Entwicklung der Beziehung ist ja gering. Menschen, die das Wachstum in den Vordergrund stellen, suchen hingegen stärker die Herausforderung und Weiterentwicklung, auch was ihre eigene Persönlichkeit angeht.

Sie nehmen es zudem weniger schwer, wenn Eigenschaften, die sie selbst oder ihr Partner an den Tag legen, nicht ganz ihren Vorstellungen entsprechen. Wenn der Partner also beispielsweise weniger ordentlich ist, als man sich das wünschen würde, oder immer wieder zu spät zu Verabredungen kommt, dann leidet die Zufriedenheit mit der Partnerschaft darunter nicht so stark. Der Glaube an die Zukunft und die Veränderungen, die sie mit sich bringen kann, tröstet über so manche Unannehmlichkeit hinweg. Das gilt ganz besonders für die Kultivierer, die anfänglichen Unstimmigkeiten zwischen den Partnern wenig Gewicht beimessen, denn: mit der richtigen Pflege kann alles gedeihen.

Natürlich sind diese Auffassungen nicht unveränderlich. Wer sich in einer Beziehung zusammengerauft hat und schließlich mit seinem Partner glücklich ist, wird stärker an das Wachstum von Beziehungen glauben. Wer hingegen trotz langer Mühen letztendlich scheitert, wird zukünftig vielleicht vorsichtiger sein und mehr Wert auf die gute Passung zu Beginn der Beziehung legen. Unter länger Verheirateten gibt es demgemäß mehr Optimierer als unter kürzer Verheirateten. Vielleicht, weil die Ehen vieler Evaluierer und Hilflosen die im Laufe der Ehejahre zwangsläufig auftretenden Krisen nicht überdauert haben.

Optimierer haben die Nase vorn

Wir haben die von uns befragten Ehepartner gebeten, die Entwicklung ihrer Beziehung im Rückblick zu betrachten und einer dieser vier Möglichkeiten zuzuordnen:

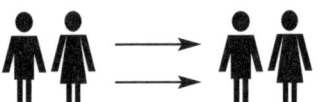 Wir waren uns **schon immer nahe** und **das ist auch so geblieben.**

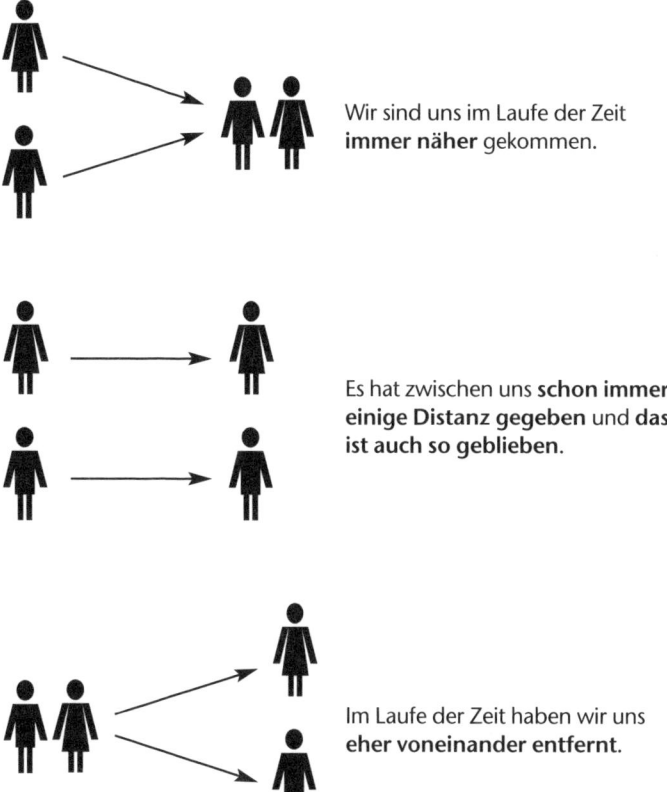

Wir sind uns im Laufe der Zeit **immer näher** gekommen.

Es hat zwischen uns **schon immer einige Distanz gegeben** und **das ist auch so geblieben**.

Im Laufe der Zeit haben wir uns **eher voneinander entfernt**.

Die Frage war zunächst einmal völlig unabhängig von den impliziten Beziehungstheorien, doch es zeigte sich ein interessanter Zusammenhang: Optimierer gaben häufig an, sie seien sich schon immer nahe gewesen und das sei auch so geblieben. Viele Kultivierer befanden, sie seien sich im Laufe der Jahre immer näher gekommen. Evaluierer hingegen hatten sich eher voneinander entfernt, und Hilflose waren oftmals distanziert geblieben. Der Glaube an die Entwicklungsmöglichkeiten der Beziehung erwies sich als gute Voraussetzung, eine enge Beziehung aufzubauen und aufrechtzuerhalten.

Die meisten Menschen glauben stärker an das Wachstum als an das Schicksal von Beziehungen und das ist gut so, denn wer auf die Entwicklungsmöglichkeiten vertraut, ist glücklicher in seiner Partnerschaft. Kultivierer waren in unserer Befragung entsprechend sehr zufrieden, am besten ging es, wie bereits erwähnt, den Optimierern. Das völlige Fehlen romantischer Vorstellungen über die Schicksalhaftigkeit der Liebe kann den Start in die Ehe gründlich vermiesen, wie folgender Witz deutlich macht: Fragt die Ehefrau den Ehemann nach der Hochzeit: »Warum hast du mich geheiratet?« Darauf der Ehemann: »Du warst die einzige Frau in der Kirche in einem weißen Kleid.« Am unglücklichsten sind die Hilflosen. Sie laufen Gefahr, in Trennung und Scheidung zu enden, haben sie doch wenig Hoffnung, dass sich ihre Beziehung durch gemeinsame Arbeit wieder zum Positiven wenden kann.

Nun ist es keineswegs so, dass sich Optimierer immer mit anderen Optimierern zusammentun. Was passiert also, wenn ein Optimierer an einen Hilflosen gerät? Das ist, kurz gesagt, ein Glücksfall für den Hilflosen, denn die Beziehungsqualität und die Fähigkeit, Konflikte konstruktiv zu lösen sind höher im Vergleich zu Paaren aus zwei Hilflosen. Der Optimierer kann den Hilflosen also ein Stück weit mitziehen.

Dabei ist vor allem die Wachstumsorientierung des Mannes wichtig: Vertraut er auf die Entwicklungsmöglichkeiten der Beziehung, wirkt sich dies stärker positiv auf das Beziehungsglück aus, als wenn die Frau an das Wachstum glaubt. Eine Erklärung dafür könnte sein, dass Frauen von klein auf eher dazu angehalten und angeleitet werden, in Beziehungen zu investieren und sich durch diese zu definieren, als Männer. Somit liegt Frauen Beziehungsarbeit schon aufgrund ihrer Sozialisation näher, und eine starke Wachstumsorientierung wirkt sich nicht mehr so deutlich aus wie bei einem Mann.

Gute Gedanken für eine gute Beziehung

Optimierer erreichen ihr Beziehungsglück natürlich nicht durch den Glauben allein. Sie müssen ihre Auffassung auch leben. Und dabei spielen weitere Einstellungen eine wichtige Rolle. Sie erinnern sich: In Kapitel 3 war schon einmal von Denkmustern die Rede, die für die Beziehung und deren Grundpfeiler Positivität und Konfliktkompetenz förderlich sind. Genau diese Art zu denken ist verstärkt bei Menschen anzutreffen, die an das Wachstumspotential von Beziehungen glauben. Sie gehen davon aus, dass sie in der Lage sind, Probleme in der Partnerschaft so zu lösen, dass keiner zu kurz kommt, das heißt sie glauben an ihre Fähigkeit, Konflikte konstruktiv zu regeln. Streitigkeiten sehen sie nicht als Gefahr für die Beziehung, und sie fühlen sich auch nicht persönlich angegriffen, wenn der Partner ihnen widerspricht und in seiner Meinung abweicht. In der Folge werden Konflikte konstruktiver gelöst und das Beziehungsglück somit weiter gefestigt.

Personen, die an das Wachstum von Beziehungen glauben, sind zudem nicht der Ansicht, dass Männer und Frauen von so grundsätzlich verschiedenen Planeten stammen, dass sie einander nie richtig verstehen können. Biologische Unterschiede zwischen den Geschlechtern sind unbestreitbar, doch die Einstellung, dass diese die Hauptursache für Partnerschaftsprobleme sind, ist sehr abträglich für die Zufriedenheit in der Beziehung und das Verhalten bei Konflikten. Die beiden amerikanischen Forscher Roy Eidelson und Norman Epstein haben insgesamt fünf Annahmen gefunden, die das Beziehungsglück gefährden – mehr darüber erfahren Sie in diesem Test:

✎ Test

Wir haben einige Aussagen zusammengestellt, anhand derer Sie Ihre Annahmen über Beziehungen überprüfen können.

Test für Sie:

① = stimmt überhaupt nicht   ④ = stimmt eher
② = stimmt eher nicht   ⑤ = stimmt voll und ganz
③ = teils/teils

1. Wenn mein Partner meinen Gedanken oder Ansichten widerspricht, bedeutet das, dass er keine besonders hohe Meinung von mir hat.

   ①   ②   ③   ④   ⑤

2. Bei Meinungsverschiedenheiten habe ich das Gefühl, unsere Beziehung ginge in die Brüche.

   ①   ②   ③   ④   ⑤

3. Wenn wir miteinander streiten, zweifle ich an den Gefühlen meines Partners für mich.

   ①   ②   ③   ④   ⑤

4. Männer und Frauen werden einander nie richtig verstehen.

   ①   ②   ③   ④   ⑤

5. Eine Hauptursache für Partnerschaftsprobleme liegt darin, dass Mann und Frau unterschiedliche emotionale Bedürfnisse haben.

   ①   ②   ③   ④   ⑤

6. Biologische Unterschiede zwischen Mann und Frau sind die hauptsächlichen Ursachen von Partnerproblemen.

① ② ③ ④ ⑤

7. Mein Partner ist unfähig, sich anders zu verhalten, als er es jetzt tut.

① ② ③ ④ ⑤

8. Wenn einer den anderen einmal richtig verletzt hat, wird er es auch in Zukunft wieder tun.

① ② ③ ④ ⑤

9. Mein Partner wird auch in Zukunft immer wieder Dinge tun, die mich sehr aufregen.

① ② ③ ④ ⑤

10. In einer engen Beziehung kann jeder die Bedürfnisse des anderen erspüren, ganz so, als könne er Gedanken lesen.

① ② ③ ④ ⑤

11. Für mich ist es wichtig, dass mein Partner meine Bedürfnisse schon im Voraus erahnt, indem er merkt, wie sich meine Stimmung ändert.

① ② ③ ④ ⑤

12. Wenn man den Partner um etwas erst bitten muss, zeigt das, dass er nicht über die »richtige Wellenlänge« verfügt, um die Bedürfnisse und Wünsche von sich aus zu erkennen.

① ② ③ ④ ⑤

13. Ein guter Sexualpartner kann sich in sexuelle Erregung bringen, wann immer es nötig ist.

    ①   ②   ③   ④   ⑤

14. Wenn mein Partner sexuell nicht voll auf seine Kosten kommt, heißt das, dass ich versagt habe.

    ①   ②   ③   ④   ⑤

15. Wenn ich nicht immer sexuell so gut funktioniere, wenn meinem Partner gerade danach zumute ist, liegt das Problem wohl bei mir.

    ①   ②   ③   ④   ⑤

Bewerten Sie bitte jede Aussage und bilden Sie dann folgende fünf Summenwerte:

Aussage 1–3:   Summe _____ (unterschiedliche Meinungen sind schädlich)

Aussage 4–6:   Summe _____ (Mann und Frau sind ganz verschieden)

Aussage 7–9:   Summe _____ (mein Partner wird sich niemals ändern)

Aussage 10–12: Summe _____ (Gedankenlesen wird erwartet)

Aussage 13–15: Summe _____ (sexueller Perfektionismus)

Test für Ihn:

① = stimmt überhaupt nicht ④ = stimmt eher
② = stimmt eher nicht ⑤ = stimmt voll und ganz
③ = teils/teils

1. Wenn meine Partnerin meinen Gedanken oder Ansichten widerspricht, bedeutet das, dass sie keine besonders hohe Meinung von mir hat.

   ①   ②   ③   ④   ⑤

2. Bei Meinungsverschiedenheiten habe ich das Gefühl, unsere Beziehung ginge in die Brüche.

   ①   ②   ③   ④   ⑤

3. Wenn wir miteinander streiten, zweifle ich an den Gefühlen meiner Partnerin für mich.

   ①   ②   ③   ④   ⑤

4. Männer und Frauen werden einander nie richtig verstehen.

   ①   ②   ③   ④   ⑤

5. Eine Hauptursache für Partnerschaftsprobleme liegt darin, dass Mann und Frau unterschiedliche emotionale Bedürfnisse haben.

   ①   ②   ③   ④   ⑤

6. Biologische Unterschiede zwischen Mann und Frau sind die hauptsächlichen Ursachen von Partnerproblemen.

   ①   ②   ③   ④   ⑤

7. Meine Partnerin ist unfähig, sich anders zu verhalten, als sie es jetzt tut.

   ①   ②   ③   ④   ⑤

8. Wenn einer den anderen einmal richtig verletzt hat, wird er es auch in Zukunft wieder tun.

   ①   ②   ③   ④   ⑤

9. Meine Partnerin wird auch in Zukunft immer wieder Dinge tun, die mich sehr aufregen.

   ①   ②   ③   ④   ⑤

10. In einer engen Beziehung kann jeder die Bedürfnisse des anderen erspüren, ganz so, als könne er Gedanken lesen.

    ①   ②   ③   ④   ⑤

11. Für mich ist es wichtig, dass meine Partnerin meine Bedürfnisse schon im Voraus erahnt, indem sie merkt, wie sich meine Stimmung ändert.

    ①   ②   ③   ④   ⑤

12. Wenn man die Partnerin um etwas erst bitten muss, zeigt das, dass sie nicht über die »richtige Wellenlänge« verfügt, um die Bedürfnisse und Wünsche von sich aus zu erkennen.

    ①   ②   ③   ④   ⑤

13. Eine gute Sexualpartnerin kann sich in sexuelle Erregung bringen, wann immer es nötig ist.

    ①   ②   ③   ④   ⑤

14. Wenn meine Partnerin sexuell nicht voll auf ihre Kosten kommt, heißt das, dass ich versagt habe.

    ① ② ③ ④ ⑤

15. Wenn ich nicht immer sexuell so gut funktioniere, wenn meiner Partnerin gerade danach zumute ist, liegt das Problem wohl bei mir.

    ① ② ③ ④ ⑤

Bewerten Sie bitte jede Aussage und bilden Sie dann folgende fünf Summenwerte:

Aussage 1–3:   Summe _____ (unterschiedliche Meinungen sind schädlich)

Aussage 4–6:   Summe _____ (Mann und Frau sind ganz verschieden)

Aussage 7–9:   Summe _____ (meine Partnerin wird sich niemals ändern)

Aussage 10–12: Summe _____ (Gedankenlesen wird erwartet)

Aussage 13–15: Summe _____ (sexueller Perfektionismus)

(Test in Anlehnung an Eidelson und Epstein, 1982)[7]

■ Auswertung

Alle fünf Annahmen sind der Beziehung abträglich, entsprechend sind niedrige Werte von Vorteil.

Unterschiedliche Meinungen sind schädlich für die Partnerschaft:
Wer dieser Auffassung anhängt, kann es nicht hinnehmen, wenn der Partner anderer Meinung ist, da er darin eine ernsthafte Bedrohung für die gemeinsame Beziehung und einen Angriff auf die eigene Person vermutet. Konflikte können so kaum konstruktiv ausgetragen werden, was die Beziehungsqualität beeinträchtigt. Mit Werten bis maximal 7 befinden Sie sich im grünen Bereich, die von uns befragten Ehepartner lagen im Mittel zwischen 4 und 5.

Mann und Frau sind von Natur aus ganz verschieden
Männer und Frauen werden einander immer ein Rätsel bleiben – stimmen Sie dem zu? Wenn ja, werden Sie in einer heterosexuellen Beziehung zwangsläufig vor großen Hürden stehen. Außerdem kann eine solche Auffassung rasch zur sich selbst erfüllenden Prophezeiung werden, alles wird dann auf die grundsätzlichen Unterschiede zwischen den Geschlechtern geschoben statt individuellen Eigenheiten zugerechnet. Sicherlich gibt es Unterschiede zwischen Mann und Frau, doch wer davon ausgeht, dass diese unüberbrückbar sind, tut sich und seiner Partnerschaft nichts Gutes. Wenn Sie der Auffassung mehr als »teils/teils« zustimmen, also 10 oder mehr Punkte erreichen, sollten Sie Ihre Einstellung dringend überdenken und vielleicht einmal gezielt nach Gegenbeispielen suchen. Die von uns befragten Ehepaare lagen im Schnitt um die 7.

Mein Partner wird sich niemals ändern
Sie glauben nicht, dass Ihr Partner sich ändern kann? Dann geht es Ihnen ähnlich wie demjenigen, der nicht an das Wachstumspotential einer Beziehung glaubt. Jede kleine Macke des Partners, jede Eigenheit, die Sie schwer tolerieren können, wird zur Zerreißprobe für die Partnerschaft. Hohe Werte sind ein Ballast für Ihre Beziehung – und irrational, denn Menschen können sich ändern, das zeigt nicht zuletzt die Therapieforschung. Wenn Sie mehr als 6 Punkte erreichen, ist dies zu hoch. Vielleicht überlegen Sie, woher Ihre Einstellung

kommt. Welche Erfahrungen haben Sie dazu gebracht? Wo gab es Ausnahmen?

Mein Partner sollte meine Gedanken lesen können
Manchmal wäre es schön, wenn der andere einem jeden Wunsch von der Stirn ablesen könnte. Doch egal, wie lange man zusammenlebt, der Partner ist immer wieder für Überraschungen gut – zum Glück, sonst würde die Beziehung langweilig. Hohe Werte verkörpern eine irrationale Erwartung, die zwangsläufig zu Enttäuschungen führen muss. Ein Summenwert über 6 ist daher Anlass, die eigenen überhöhten Erwartungen an den Partner zu überdenken.

Im sexuellen Bereich müssen wir uns perfekt verstehen
Zu einer zufriedenstellenden Beziehung gehört eine erfüllte Sexualität. Doch zu erwarten, dass beide Partner jederzeit rasch in Stimmung kommen und die erotische Begegnung für beide immer zum Orgasmus führt, ist zu viel verlangt, auch wenn es für einzelne Beziehungen zutreffen mag. Wenn Sie den Aussagen »teils/teils« oder stärker zustimmen, ist dies bereits zu viel, der Summenwert sollte nicht höher als 7 liegen. Im Durchschnitt kommen Männer und Frauen aus zufriedenen Partnerschaften auf einen Wert zwischen 5 und 6. ■

Wie wir uns Konflikte erklären

Optimierer und Kultivierer glauben daran, dass sie mit zukünftigen Schwierigkeiten klarkommen werden. Und dafür tun sie etwas in gegenwärtigen Konfliktsituationen: Sie machen für Probleme nicht ihren Partner verantwortlich. Welche Rolle wir uns selbst und unserem Gegenüber in Konflikten beimessen, hat deutliche Auswirkungen auf unser Verhalten. Psychologen sprechen von »Attributionen«, was aus dem Lateinischen übersetzt nichts anderes heißt als Zuschreibungen.

Nehmen wir Anja und Thomas als Beispiel. Anja hat einen Tag freigenommen und will ihren Partner überraschen, indem sie ihm ein leckeres Essen kocht. Der Braten schmort im Rohr, der Tisch ist festlich gedeckt und Thomas' Lieblingsmusik liegt im CD-Player bereit. Thomas hat angekündigt, um sechs Uhr von

der Arbeit nach Hause zu kommen, doch Anja wartet vergeb-
lich. Um viertel nach sechs wird sie unruhig, um halb sieben ist
Thomas immer noch nicht da. Was ist passiert? Wie erklärt sich
Anja die Verspätung? Eine Reihe von Fragen und Motiven wäre
denkbar:

– Warum kommt Thomas zu spät? Ist er einfach unpünktlich
  und unzuverlässig, oder liegt die Ursache nicht bei ihm, sondern in äußeren Umständen, hatte er eine Reifenpanne oder
  steht er im Stau?
– Kommt Thomas häufiger zu spät? Oder ist das heute eine Aus-
  nahme?
– Kommt Thomas auch in anderen Situationen zu spät, zum
  Beispiel wenn die beiden mit Freunden verabredet sind oder
  sich in der Stadt im Kino treffen wollen?
– Lässt Thomas Anja mit Absicht warten, handelt er aus eigen-
  nützigen Motiven heraus?
– In letzter Konsequenz geht es schließlich um die Schuldfrage:
  Ist Thomas schuld daran, dass Anja warten muss und das Essen
  kalt wird?

Man kann sich leicht vorstellen, dass sich diese Überlegungen
auf das Verhalten von Anja auswirken. Denkt Anja: »Der Arme,
er steckt sicherlich im Stau, er lässt mich sonst ja nie warten, das
würde er nicht mit Absicht tun«, wird sie Braten und Knödel
warm stellen und Thomas einen netten Empfang bereiten, wenn
er um halb acht endlich nach Hause kommt. Denkt Anja hingegen: »Jetzt kommt er schon wieder zu spät! Es ist immer dasselbe mit ihm! Er ist so unzuverlässig! Schon bei unserem ersten
Rendezvous kam er nicht pünktlich! Das macht er absichtlich,
er denkt nur an sich …«, kann Thomas sich auf Vorwürfe und
eine wütende Anja gefasst machen – und der schön vorbereitete
Abend ist dahin.
    Das Beispiel zeigt deutlich, welchen Einfluss unsere Attributio-
nen auf unser Verhalten und unsere Zufriedenheit in der Beziehung haben. Es gibt einen Teufelskreis und einen Engelskreis,
denn die Zuschreibungen erfolgen in der Regel so, dass die Wahrnehmung und das Erleben in der Partnerschaft verstärkt und

gefestigt werden. Ist Anja also glücklich mit Thomas, wird sie die Ursachen in äußeren Umständen suchen und ihn so aller Schuld entheben – ihre Zufriedenheit ist nicht gefährdet. Ist Anja hingegen unzufrieden, wird sie Thomas' Verhalten als absichtlichen Angriff auf sich selbst und ihre Partnerschaft werten – was deren Qualität weiter unterminiert.

Nach Erklärungen suchen wir natürlich nicht nur, wenn etwas schiefläuft. Auch positive Erlebnisse, mit denen wir nicht gerechnet haben, wollen begründet sein, innerhalb wie außerhalb der Partnerschaft. Dienlich für den eigenen Selbstwert ist, vereinfacht gesagt, folgende Einstellung: »Wenn's gut war, war ich's, ging es daneben, hatte ich einen schlechten Tag, und es wird das nächste Mal wieder besser.« Das gegenteilige Muster findet sich bei depressiven Personen. Sie schreiben sich Misserfolge selbst zu (»Immer geht alles schief und ich allein bin daran schuld«), Erfolge hingegen nicht (»Das war reiner Zufall und hat mit mir und meiner Leistung gar nichts zu tun«).

Die rosarote und die rabenschwarze Brille

Bezogen auf die Partnerschaft wäre es demnach gut, den Partner für die schönen Seiten verantwortlich zu machen, nicht aber für die Schattenseiten. Das klingt ein wenig nach Schönfärberei, und tatsächlich kommen wir mit einem positiv verklärten Blick auf die Partnerschaft oft weiter als mit einem kritischen. Der irische Schriftsteller George Bernard Shaw hat dafür folgende Erklärung: »Liebe beruht auf einer starken Übertreibung des Unterschiedes zwischen einer Person und allen anderen.« Demnach entsteht Liebe durch verzerrte Wahrnehmung: Der oder die Geliebte werden als einmalig und allen anderen meilenweit überlegen erlebt, obgleich die Unterschiede zum Rest der Menschheit vielleicht gar nicht so groß sind.

Die amerikanische Beziehungsforscherin Sandra Murray prägte für solcherlei Überschätzung des Partners den Ausdruck »positive Illusionen«. Sie fand heraus, dass diese der Partnerschaft zumindest zu Beginn zuträglich sind. Wer seinen Partner positiver wahrnimmt, als dieser sich selbst sieht (so erfasste Sandra

Murray positive Illusionen), und dessen Schwächen herunter-spielt, ist zufriedener und erlebt die Beziehung als weniger kon-fliktbaft. Kein Wunder, denn so kann man sich sicher sein, den Richtigen gefunden zu haben.

Und was sagt der Partner dazu? Ist es ihm unangenehm, so überhöht zu werden, oder sonnt er sich in der Bewunderung? Letzteres ist der Fall, zumindest wenn ihm die Einschätzung des Partners nicht allzu überzogen erscheint und er über ein gutes Selbstwertgefühl verfügt. Personen mit geringem Selbstwertge-fühl sind der Meinung, nur dann Anerkennung zu finden, wenn sie bestimmten Kriterien genügen – und dazu passt nicht, wenn ihr Partner sie vermeintlich grundlos positiv sieht.

Gänzlich kritikloses Anhimmeln ist vielen Partnern unan-genehm. Und es führt später oft zu herber Enttäuschung, da-her haben auf längere Sicht diejenigen die besten Chancen auf dauerhaftes Beziehungsglück, die ihren Partner zwar insge-samt außerordentlich positiv beschreiben, im Einzelnen aber durchaus kritisch sind. Wer den anderen als wunderbaren Part-ner erlebt, weil er verständnisvoll und zärtlich ist, sich zugleich aber eingesteht, dass er auch etwas unpünktlich und unordent-lich ist, wird sich auf Unannehmlichkeiten, die aus diesen we-niger geliebten Eigenschaften resultieren, besser einstellen kön-nen.

Zudem schätzen es die Partner mit zunehmender Beziehungs-dauer, wenn der andere sie ähnlich sieht wie sie sich selbst. Denn das vermittelt das Gefühl, dass man sich gut kennt und mit-einander vertraut ist. Das allerdings ist wieder eine Illusion. Die Forschung zeigt, dass Partner, die lange zusammenleben, Gefüh-le und Gedanken ihres Gegenübers keineswegs wesentlich bes-ser zu deuten wissen als frisch Verliebte.

Unsere Wahrnehmung weicht demnach bisweilen erheblich von der Realität ab. Ein schönes Beispiel dazu lieferten die ame-rikanischen Forscherinnen Susan Osgarby und W. Kim Halford. Sie ließen Paare Tagebücher führen über negative und positive Beziehungsereignisse und baten sie einige Zeit später, sich an die Ereignisse zu erinnern, ohne dabei freilich das Tagebuch zur Hand zu nehmen. Das Resultat: Glückliche Paare gaben mehr positive Ereignisse an als im Tagebuch verzeichnet (hier zeigt sich wieder die rosarote Brille), beurteilten die negativen Ereignisse hingegen realistisch. Unglückliche Paare unterschätzten positive Ereignisse und überschätzten negative. Sie trugen demnach eine rabenschwarze Brille. Ein Phänomen, das sich auch beim Rückblick auf die gemeinsame Beziehung findet, und aus dem der amerikanische Beziehungsforscher John Gottman die Zukunft der Ehe vorhersagt: Wer schon das erste Rendezvous und die Zeit des Kennenlernens im Rückblick sehr negativ schildert, ist auf dem besten Wege zu Trennung und Scheidung.

▨ Das Wichtigste auf einen Blick

- Jeder Mensch hat implizite Theorien darüber, wie Beziehungen funktionieren: Sind sie Schicksal, müssen die Partner also von Anfang an zueinander passen? Oder können Beziehungen wachsen, sich gerade auch in schwierigen Zeiten entwickeln?
- An Beziehung als Schicksal und an Beziehung als Wachstum zu glauben, schließt sich nicht aus: Optimierer halten die anfängliche Passung der Partner für wichtig, glauben jedoch auch an die Entwicklungsmöglichkeiten des Paares. Sie sind am zufriedensten, gefolgt von Kultivierern, die Beziehung als Wachstum sehen. Evaluierer glauben nur an das Schicksal, und Hilflose – die Unglücklichsten im Bunde – weder an das eine noch an das andere.
- Wer an das Wachstum einer Beziehung glaubt, fühlt sich imstande, Konflikte konstruktiv zu lösen, sieht Meinungsverschiedenheiten nicht als schädlich an und erklärt sich negative Ereignisse so, dass die Beziehung nicht darunter leidet, macht also nicht den Partner dafür verantwortlich.
- Irrationale und unrealistische Annahmen gefährden das Beziehungsglück. Dazu zählen die Auffassung, unterschiedliche Meinungen seien schädlich für die Partnerschaft, Männer und Frauen seien von Natur aus ganz verschieden, der Partner werde sich niemals ändern sowie ein guter Partner müsse die eigenen Gedanken lesen können und im Bett stets perfekt sein.
- Wie wir Konflikte erklären, hängt mit unserer Zufriedenheit in der Partnerschaft zusammen: Wer glücklich ist, wird negative Vorkommnisse eher auf äußere Ursachen zurückführen. Wer unglück-

lich ist, wird hingegen davon ausgehen, dass Ärgernisse durch Charakterfehler des Partners zustandekommen, an denen sich zudem schwerlich etwas ändern lässt. Folglich wird der Glückliche so reagieren, dass er sich in seinem Glück bestätigt, der Unglückliche hingegen weiteren Grund für seine negative Wahrnehmung der Beziehung finden.

– Den Partner durch eine rosarote Brille zu sehen, wirkt sich zumindest anfangs positiv auf die Partnerschaft aus.

▧ Was Sie als Paar mitnehmen können

– *Glaube ich an das Wachstum des Pflänzchens Liebe?* Auf Seite 115 konnten Sie sich selbst einer der vier Kategorien zuordnen. Wenn Sie weder zu den Optimierern noch zu den Kultivierern gehören, sollten Sie überlegen, wie Sie den Glauben an das Entwicklungspotential Ihrer Beziehung zurückgewinnen können. Was könnten Sie tun? Was würden Sie sich von Ihrem Partner wünschen? Wann und wodurch haben Sie Ihren Wachstumsglauben verloren?

– *Woher kommen meine Beziehungstheorien?* Vielleicht sind sie geprägt von früheren Erfahrungen, die Sie in vergangenen Partnerschaften, im Elternhaus oder im Laufe Ihrer jetzigen Beziehung machten. Es kann sehr anregend sein, sich darüber auszutauschen. Und möglicherweise verstehen Sie dann besser, warum Sie beide so denken wie Sie denken.

– *Kommen Frauen von der Venus und Männer vom Mars?* Stimmen Sie den Annahmen auf Seite 120 ff. zu? Wenn ja: Welche Erwartungen an Ihren Partner leiten Sie daraus ab? Sind diese Erwartungen wirklich realistisch? Überprüfen Sie die Annahmen kritisch, denn sie gefährden Ihr Beziehungsglück.

– *Warum kommst du zu spät?* Denken Sie an einen Konfliktpunkt in Ihrer Beziehung, an ein Ereignis, bei dem Sie sich über den Partner geärgert haben oder er sie verletzt hat. Wie erklären Sie sich dieses Ereignis? Benutzen Sie folgende Anhaltspunkte:

(1) Hatte das vermeintliche Fehlverhalten des Partners etwas mit seiner Person zu tun oder mit äußeren Umständen?

(2) Ist dieses Verhalten zeitlich stabil, also in der Vergangenheit schon häufiger aufgetreten?

(3) Ist das Verhalten generell anzutreffen, also auch in anderen Kontexten und Situationen?

(4) Geschieht es absichtlich? Ist der Partner daran schuld?

Wenn Sie auf ein stabiles, generelles Fehlverhalten stoßen, für das Sie den Partner schuldig sprechen, sollten Sie sich dringend darüber austauschen und überlegen, was Sie verändern könnten – am Verhalten oder an der Denkweise. Vielleicht haben Sie früher anders gedacht, wie ist Ihnen das gelungen?

– *Mein Erfolg oder Zufall?* Überlegen Sie, wie Sie sich positive Ereignisse erklären – in der Partnerschaft und für sich ganz persönlich. Der Erfolg in der Arbeit, wem ist er zuzuschreiben? Und der Misserfolg? Die Art und Weise, wie wir Zuschreibungen treffen, ist durchaus veränderbar, wenn wir uns bewusst damit auseinandersetzen.

– *Jede Sichtweise ist subjektiv!* Ob rosarote oder rabenschwarze Brille, wer sie trägt, merkt das in der Regel nicht. Er erachtet seine Sicht der Dinge als richtig. Doch Wahrnehmung hat mit Wahrheit nichts zu tun, sie ist immer subjektiv und geprägt von unseren Vorstellungen, Annahmen, Erwartungen und Erklärungen. Streitigkeiten darüber, wer recht hat und wie es wirklich war, führen daher in aller Regel zu Konflikten und nicht zu Lösungen. Aus diesem Grund ist ein Perspektivenwechsel oftmals sehr hilfreich. Stellen Sie sich in einer kritischen Situation also die Frage: Wie sieht mein Partner das wohl? Und: Was meint mein Partner wohl, wie ich die Situation sehe? Letzteres klingt nach dreimal ums Eck gedacht, doch aus der systemischen Beratung und Therapie mit Paaren und Familien wissen wir, dass solche Fragen sehr hilfreich sein können.

6 Viel fordern macht zufrieden!
Ansprüche und ihre Auswirkung auf die Partnerschaft

»Die Ehe ist ein Versuch, zu zweit
wenigstens halb so glücklich zu werden,
wie man allein gewesen ist.«
Oscar Wilde

Eine verklärte Sicht auf die Ehe konnte man dem irischen Schriftsteller Oscar Wilde nicht nachsagen. Doch das ist heute vielfach anders: Viele Soziologen gehen davon aus, dass die steigende Zahl an Scheidungen unter anderem überhöhten Erwartungen geschuldet ist. Die Menschen sind immer weniger in größere soziale Netze eingebunden, die Familien schrumpfen, und so bleibt die Partnerschaft bisweilen als einzige enge Bindung. Diese soll alle Wünsche und Bedürfnisse nach Intimität und Geborgenheit erfüllen – wenn nicht, liegt die Scheidung nahe. Nicht umsonst spricht man heute vom Lebensabschnittsgefährten; erfüllt der Gefährte die eigenen Ansprüche nicht, ist der Abschnitt eben ein kurzer. Oder im Umkehrschluss: Wer einen Gefährten für das ganze Leben haben möchte, der sollte tunlichst seine Ansprüche überprüfen.

Tatsächlich können allzu perfektionistische oder gar unrealistische Erwartungen die Partnerschaft ernsthaft gefährden. Einige davon haben wir im vorangegangenen Kapitel bereits kennengelernt: Wer glaubt, ein guter Partner müsse die eigenen Bedürfnisse und Wünsche erahnen, ohne dass man sie ausspricht, muss enttäuscht werden. Und auch die Annahme, jede sexuelle Begegnung müsse einem erotischen Höhenflug gleichkommen, wird sich auf Dauer kaum halten lassen. Doch daraus zu schließen, dass hohe Ansprüche in jedem Fall schädlich für die Partnerschaft sind, wäre falsch. Es gibt vielmehr auch Forderungen, die das Beziehungsglück festigen.

✎ Test

Nehmen Sie sich ein paar Minuten Zeit und beantworten Sie die folgenden Aussagen und Fragen. Es geht um Ihre Ansprüche in vier wichtigen Beziehungsbereichen: Freizeitgestaltung, Kommunikation, Zärtlichkeit und Sexualität.

Test für Sie:

① = nie   ④ = häufig
② = selten   ⑤ = immer
③ = manchmal

1. Wenn Sie an Ihre **gemeinsame Freizeitgestaltung** denken:

   Wir sollten die gleichen Vorstellungen haben, wie wir unsere Freizeit miteinander verbringen wollen.

   ①   ②   ③   ④   ⑤

   Sind Sie mit der *Umsetzung in Ihrer Partnerschaft* zufrieden?

   O Ja   O Nein

   Wir sollten gleichberechtigt darüber bestimmen können, was wir in unserer Freizeit gemeinsam tun wollen.

   ①   ②   ③   ④   ⑤

   Sind Sie mit der *Umsetzung in Ihrer Partnerschaft* zufrieden?

   O Ja   O Nein

   Wir sollten gemeinsamen Freizeitaktivitäten einen hohen Stellenwert in unserer Beziehung einräumen.

   ①   ②   ③   ④   ⑤

Sind Sie mit der *Umsetzung in Ihrer Partnerschaft* zufrieden?

O Ja   O Nein

Wir sollten Interesse an den Freizeitaktivitäten des Partners zeigen, um auszudrücken, dass wir einander gern haben.

① ② ③ ④ ⑤

Sind Sie mit der *Umsetzung in Ihrer Partnerschaft* zufrieden?

O Ja   O Nein

2. Wenn Sie daran denken, wie Sie **über Schwierigkeiten in Ihrer Beziehung sprechen**:

Wir sollten die gleichen Vorstellungen haben, wie wir negative Gedanken und Gefühle äußern, die unsere Partnerschaft betreffen.

① ② ③ ④ ⑤

Sind Sie mit der *Umsetzung in Ihrer Partnerschaft* zufrieden?

O Ja   O Nein

Wir sollten gleichberechtigt darüber bestimmen können, wann wir über bestimmte negative Gedanken und Gefühle in Bezug auf unsere Beziehung sprechen.

① ② ③ ④ ⑤

Sind Sie mit der *Umsetzung in Ihrer Partnerschaft* zufrieden?

O Ja   O Nein

Jeder von uns sollte bereit sein, Zeit und Energie aufzubringen, um über Probleme und Beziehungsangelegenheiten zu sprechen.

① ② ③ ④ ⑤

Sind Sie mit der *Umsetzung in Ihrer Partnerschaft* zufrieden?

○ Ja   ○ Nein

Wir sollten der Kritik und den Beschwerden des anderen
zuhören, um zu zeigen, dass uns an seinen Gefühlen
etwas liegt.

①   ②   ③   ④   ⑤

Sind Sie mit der *Umsetzung in Ihrer Partnerschaft* zufrieden?

○ Ja   ○ Nein

3. Wenn Sie an Ihre **sexuelle Beziehung** denken:

In Bezug auf Sexualität sollten wir gleiche Einstellungen
und Werte haben.

①   ②   ③   ④   ⑤

Sind Sie mit der *Umsetzung in Ihrer Partnerschaft* zufrieden?

○ Ja   ○ Nein

Wir sollten gleichberechtigt darüber bestimmen können,
auf welche Art und Weise wir miteinander intim sind.

①   ②   ③   ④   ⑤

Sind Sie mit der *Umsetzung in Ihrer Partnerschaft* zufrieden?

○ Ja   ○ Nein

Wir sollten bereit sein, weniger Zeit für andere Lebensbereiche (z. B. Haushalt, Beruf) aufzuwenden, um
dadurch Zeit für ein ausgefülltes Sexualleben zu haben.

①   ②   ③   ④   ⑤

Sind Sie mit der *Umsetzung in Ihrer Partnerschaft* zufrieden?

○ Ja   ○ Nein

Einander unsere Liebe und Verbundenheit zu zeigen,
sollte für uns das Wichtigste in der Sexualität sein.

① ② ③ ④ ⑤

Sind Sie mit der *Umsetzung in Ihrer Partnerschaft* zufrieden?

○ Ja ○ Nein

4. Wenn Sie an **Zärtlichkeit und körperliche Nähe** in Ihrer
   Beziehung denken:

Wir sollten die gleichen Vorstellungen darüber haben,
wie wir Zärtlichkeiten austauschen.

① ② ③ ④ ⑤

Sind Sie mit der *Umsetzung in Ihrer Partnerschaft* zufrieden?

○ Ja ○ Nein

Wir sollten gleichberechtigt darüber bestimmen können,
wann wir dem anderen sagen, dass wir ihn mögen.

① ② ③ ④ ⑤

Sind Sie mit der *Umsetzung in Ihrer Partnerschaft* zufrieden?

○ Ja ○ Nein

Wir sollten viel Zeit und Energie darauf verwenden,
Zärtlichkeiten auszutauschen.

① ② ③ ④ ⑤

Sind Sie mit der *Umsetzung in Ihrer Partnerschaft* zufrieden?

○ Ja ○ Nein

Wenn wir zärtlich zueinander sind (z. B. uns im Arm
halten), sollte es das Wichtigste für uns sein, einander
unsere Liebe und Verbundenheit auszudrücken.

① ② ③ ④ ⑤

Sind Sie mit der *Umsetzung in Ihrer Partnerschaft* zufrieden?

O Ja   O Nein

Beantworten Sie bitte jede Frage und bilden Sie dann folgende Summenwerte:

Bereich 1 Kommunikation:
Jeweils erster Teil der Frage (Antwortmöglichkeit 1–5):
Summe der 4 Antworten: _____
Jeweils zweiter Teil der Frage (Ja/Nein):
Summe der Neins: _____

Bereich 2 Freizeitgestaltung:
Jeweils erster Teil der Frage (Antwortmöglichkeit 1–5):
Summe der 4 Antworten: _____
Jeweils zweiter Teil der Frage (Ja/Nein):
Summe der Neins: _____

Bereich 3 Sexualität:
Jeweils erster Teil der Frage (Antwortmöglichkeit 1–5):
Summe der 4 Antworten: _____
Jeweils zweiter Teil der Frage (Ja/Nein):
Summe der Neins: _____

Bereich 4 Zärtlichkeit:
Jeweils erster Teil der Frage (Antwortmöglichkeit 1–5):
Summe der 4 Antworten: _____
Jeweils zweiter Teil der Frage (Ja/Nein):
Summe der Neins: _____

Test für Ihn:

① = nie   ④ = häufig
② = selten   ⑤ = immer
③ = manchmal

1. Wenn Sie an Ihre **gemeinsame Freizeitgestaltung** denken:

   Wir sollten die gleichen Vorstellungen haben, wie wir unsere Freizeit miteinander verbringen wollen.

   ①   ②   ③   ④   ⑤

   Sind Sie mit der *Umsetzung in Ihrer Partnerschaft* zufrieden?

   ○ Ja   ○ Nein

   Wir sollten gleichberechtigt darüber bestimmen können, was wir in unserer Freizeit gemeinsam tun wollen.

   ①   ②   ③   ④   ⑤

   Sind Sie mit der *Umsetzung in Ihrer Partnerschaft* zufrieden?

   ○ Ja   ○ Nein

   Wir sollten gemeinsamen Freizeitaktivitäten einen hohen Stellenwert in unserer Beziehung einräumen.

   ①   ②   ③   ④   ⑤

   Sind Sie mit der *Umsetzung in Ihrer Partnerschaft* zufrieden?

   ○ Ja   ○ Nein

   Wir sollten Interesse an den Freizeitaktivitäten des Partners zeigen, um auszudrücken, dass wir einander gern haben.

   ①   ②   ③   ④   ⑤

Sind Sie mit der *Umsetzung in Ihrer Partnerschaft* zufrieden?

○ Ja   ○ Nein

2. Wenn Sie daran denken, wie Sie **über Schwierigkeiten in Ihrer Beziehung sprechen**:

Wir sollten die gleichen Vorstellungen haben, wie wir negative Gedanken und Gefühle äußern, die unsere Partnerschaft betreffen.

① ② ③ ④ ⑤

Sind Sie mit der *Umsetzung in Ihrer Partnerschaft* zufrieden?

○ Ja   ○ Nein

Wir sollten gleichberechtigt darüber bestimmen können, wann wir über bestimmte negative Gedanken und Gefühle in Bezug auf unsere Beziehung sprechen.

① ② ③ ④ ⑤

Sind Sie mit der *Umsetzung in Ihrer Partnerschaft* zufrieden?

○ Ja   ○ Nein

Jeder von uns sollte bereit sein, Zeit und Energie aufzubringen, um über Probleme und Beziehungsangelegenheiten zu sprechen.

① ② ③ ④ ⑤

Sind Sie mit der *Umsetzung in Ihrer Partnerschaft* zufrieden?

○ Ja   ○ Nein

Wir sollten der Kritik und den Beschwerden des anderen zuhören, um zu zeigen, dass uns an seinen Gefühlen etwas liegt.

① ② ③ ④ ⑤

Sind Sie mit der *Umsetzung in Ihrer Partnerschaft* zufrieden?

○ Ja   ○ Nein

3. Wenn Sie an Ihre **sexuelle Beziehung** denken:

In Bezug auf Sexualität sollten wir gleiche Einstellungen und Werte haben.

①   ②   ③   ④   ⑤

Sind Sie mit der *Umsetzung in Ihrer Partnerschaft* zufrieden?

○ Ja   ○ Nein

Wir sollten gleichberechtigt darüber bestimmen können, auf welche Art und Weise wir miteinander intim sind.

①   ②   ③   ④   ⑤

Sind Sie mit der *Umsetzung in Ihrer Partnerschaft* zufrieden?

○ Ja   ○ Nein

Wir sollten bereit sein, weniger Zeit für andere Lebensbereiche (z. B. Haushalt, Beruf) aufzuwenden, um dadurch Zeit für ein ausgefülltes Sexualleben zu haben.

①   ②   ③   ④   ⑤

Sind Sie mit der *Umsetzung in Ihrer Partnerschaft* zufrieden?

○ Ja   ○ Nein

Einander unsere Liebe und Verbundenheit zu zeigen, sollte für uns das Wichtigste in der Sexualität sein.

①   ②   ③   ④   ⑤

Sind Sie mit der *Umsetzung in Ihrer Partnerschaft* zufrieden?

○ Ja   ○ Nein

4. Wenn Sie an **Zärtlichkeit und körperliche Nähe** in Ihrer
   Beziehung denken:

   Wir sollten die gleichen Vorstellungen darüber haben,
   wie wir Zärtlichkeiten austauschen.

   ①   ②   ③   ④   ⑤

   Sind Sie mit der *Umsetzung in Ihrer Partnerschaft* zufrieden?

   ○ Ja   ○ Nein

   Wir sollten gleichberechtigt darüber bestimmen können,
   wann wir dem anderen sagen, dass wir ihn mögen.

   ①   ②   ③   ④   ⑤

   Sind Sie mit der *Umsetzung in Ihrer Partnerschaft* zufrieden?

   ○ Ja   ○ Nein

   Wir sollten viel Zeit und Energie darauf verwenden,
   Zärtlichkeiten auszutauschen.

   ①   ②   ③   ④   ⑤

   Sind Sie mit der *Umsetzung in Ihrer Partnerschaft* zufrieden?

   ○ Ja   ○ Nein

   Wenn wir zärtlich zueinander sind (z. B. uns im Arm
   halten), sollte es das Wichtigste für uns sein, einander
   unsere Liebe und Verbundenheit auszudrücken.

   ①   ②   ③   ④   ⑤

   Sind Sie mit der *Umsetzung in Ihrer Partnerschaft* zufrieden?

   ○ Ja   ○ Nein

144 Viel fordern macht zufrieden!

Beantworten Sie bitte jede Frage und bilden Sie dann folgende Summenwerte:

Bereich 1 Kommunikation:
Jeweils erster Teil der Frage (Antwortmöglichkeit 1–5):
Summe der 4 Antworten: _____
Jeweils zweiter Teil der Frage (Ja/Nein):
Summe der Neins: _____

Bereich 2 Freizeitgestaltung:
Jeweils erster Teil der Frage (Antwortmöglichkeit 1–5):
Summe der 4 Antworten: _____
Jeweils zweiter Teil der Frage (Ja/Nein):
Summe der Neins: _____

Bereich 3 Sexualität:
Jeweils erster Teil der Frage (Antwortmöglichkeit 1–5):
Summe der 4 Antworten: _____
Jeweils zweiter Teil der Frage (Ja/Nein):
Summe der Neins: _____

Bereich 4 Zärtlichkeit:
Jeweils erster Teil der Frage (Antwortmöglichkeit 1–5):
Summe der 4 Antworten: _____
Jeweils zweiter Teil der Frage (Ja/Nein):
Summe der Neins: _____

(Test in Anlehnung an Baucom, Epstein u. a., 1996)[8]

▨ Auswertung

Sie haben sich nun Gedanken gemacht über Ihre Ansprüche an Ihre Partnerschaft: Inwieweit sind geteilte Wertvorstellungen wichtig für Sie? Wie steht es mit der Gleichberechtigung? Wie viel sollte jeder Partner in verschiedene Bereiche Ihrer Beziehung investieren? Die Paare in unserer Befragung haben diese Fragen und ähnliche zu weiteren Beziehungsbereichen beantwortet. Die höchsten Ansprüche hatten sie im Bereich Kindererziehung, gefolgt von finanziellen Angelegenheiten, Zärtlichkeit, Kommunikation und Sexualität; die niedrigsten bei der Aufgabenteilung im Haushalt. Das mag freilich damit zu tun haben, dass die meisten Paare sich auf eine traditionelle Rollenaufteilung verständigt hatten.

Die folgende Auswertung bezieht sich auf die Ansprüche jeweils eines Bereiches. Welcher davon wie wichtig ist, ist von Paar zu Paar verschieden.

Höhe der Ansprüche

4–13 Sie haben vergleichsweise niedrige Ansprüche in diesem Bereich Ihrer Beziehung. Gut, mögen Sie denken, wer wenig erwartet, wird auch selten enttäuscht. Doch unsere Untersuchungen zeigen, dass hohe Ansprüche gut für die Partnerschaft sind – lesen Sie weiter und Sie erfahren warum. Trauen Sie sich also, mehr Gemeinsamkeit, Gleichberechtigung und Investition in Ihrer Beziehung einzufordern.

14–16 Sie haben hohe Ansprüche und liegen damit gut im Schnitt. Die von uns befragten Männer und Frauen kamen in den einzelnen Bereichen jeweils ungefähr auf einen Summenwert von 16, das heißt, sie kreuzten im Schnitt »häufig« an. Da die meisten unserer Paare sehr zufrieden waren, sind hohe Ansprüche ein gutes Omen für Ihre Partnerschaft.

17–20 Sie verlangen viel von Ihrer Beziehung. Unsere Forschung hat jedoch ergeben, dass Ansprüche in Bezug auf Gemeinsamkeit, Gleichberechtigung und Investition gar nicht zu hoch sein können – zumindest solange sie weitgehend erfüllt werden können.

Erfüllung der Ansprüche
In gewisser Weise konnten sich die von uns befragten Ehepartner ihre hohen Ansprüche auch leisten, denn: Sie sahen sie zum weit überwiegenden Teil als erfüllt an. Wenn Sie also mehr als einmal in einem Bereich »Nein« ankreuzen, sollten Sie sich Gedanken machen, wie wichtig Ihnen dieser Anspruch ist und wie sehr es Sie emotional belastet, dass er nicht erfüllt wird. Ist diese Belastung hoch, besprechen Sie mit Ihrem Partner, was Sie sich wünschen würden und was Sie gemeinsam ändern könnten. Ansatzpunkte gibt es meist viele, wichtig dabei: Schrauben Sie Ihre Ansprüche nicht gleich herunter. ■

Gemeinsamkeit und Gleichberechtigung

Sie haben es beim Ausfüllen bemerkt: Die Aussagen sind ähnlich formuliert, da es in allen Bereichen um Gemeinsamkeit, Gleichberechtigung und Investition in die Beziehung geht. Sollten Partner also ähnliche Vorstellungen haben, was Kommunikation, Freizeitgestaltung, Zärtlichkeit und Sexualität angeht? Die Forschung sagt ja, denn schon bei der Wahl des Partners spielt die Ähnlichkeit auch in Einstellungen eine Rolle. Es gilt also ein Stück weit: Gleich und gleich gesellt sich gern. Antoine de Saint-Exupéry findet schönere Worte:»Liebe besteht nicht darin, dass man einander ansieht, sondern dass man gemeinsam in die gleiche Richtung blickt.«

Gleichberechtigung ist in jeder Beziehung Thema: Haben beide den gleichen Einfluss auf Entscheidungen, können beide auf die gemeinsamen Ressourcen zugreifen, z. B. auf Geld? Kümmern sich beide gleichberechtigt um die Kinder? Wer sich nicht gleichberechtigt fühlt, empfindet das oft als ungerecht und ist folglich unzufrieden. Der Fernsehmoderator und Journalist Robert Lembke fand sich als Mann offenbar nicht immer in einer so starken Position wie das weibliche Geschlecht:»Der einzige Geschäftszweig, bei dem die Mehrzahl der leitenden Positionen von Frauen besetzt ist, ist die Ehe.«

Die Partnerschaft als Wirtschaftsunternehmen

Vielleicht wirkt es befremdlich auf Sie, die Ehe als »Geschäftszweig« zu bezeichnen. Doch tatsächlich werden schon seit Jahrzehnten ökonomische Modelle auf Paarbeziehungen übertragen. Die sogenannte Austauschtheorie geht davon aus, dass auch für intime Beziehungen Bilanzen erstellt werden. Der »Nutzen«, bestehend aus positiven Erfahrungen, Freuden und Belohnungen in der und durch die Partnerschaft, wird mit den »Kosten« verrechnet. Auf der Soll-Seite findet sich dabei alles, was der Verwirklichung eigener und gemeinsamer Ziele in einer Beziehung im Wege steht. Je mehr die Bilanz sich zum Nutzen, zu den Belohnungen hin verschiebt, umso zufriedenstellender kann eine Beziehung erlebt werden. Vor allem, wenn keine ebenso guten Alternativen zur Verfügung stehen. Was einem Partner attraktiv erscheint, hängt dabei wiederum von den persönlichen Erfahrungen und Wertmaßstäben ab – also auch von den Ansprüchen.

Wie für ein Unternehmen sind für die Partnerschaft Investitionen unerlässlich. Wer dauerhaft gemeinsam glücklich sein will, muss viel in die Beziehung stecken, Zeit ebenso wie Gefühle. Die Partner teilen einen Freundeskreis, gründen gemeinsam eine Familie, bauen sich vielleicht ein Eigenheim – all dies ist verloren oder zumindest bedroht, wenn die Beziehung zerbricht. Investitionen steigern das sogenannte Commitment, das Gefühl von Verpflichtung der Partnerschaft gegenüber (vgl. Kapitel 3). Auch das ist in einem Unternehmen ähnlich: Wer lange Jahre in der gleichen Firma tätig ist, sich dort eine Position erarbeitet und die Kontakte zu Kollegen gepflegt hat, wird sich schwerer tun, diesen Arbeitsplatz zu verlassen.

Beim Wir-Gefühl kann es nie zu viel sein

Zeitliches und emotionales Engagement sind der Nährboden des Beziehungsglücks und sollten daher entsprechend eingefordert werden. Dabei kann man kaum über das Ziel hinausschießen: Unsere Befragung hat ergeben, dass diejenigen, die besonders hohes Engagement einfordern, auch besonders glücklich sind. Selbiges gilt für Gemeinsamkeit und Gleichberechtigung: Je höher die Ansprüche, desto zufriedener die Partner.

Bleibt da noch Platz für die Entwicklung des Einzelnen? Ja, denn unsere Ergebnisse zeigen, dass hohe Ansprüche zu stellen keineswegs heißt, seine Eigenständigkeit aufzugeben. Schließlich bedeuten hohe Anforderungen nicht, dass man seine Zeit nur mehr mit dem Partner verbringt und kein Anrecht auf eine eigene Meinung hat. Eine enge, gleichberechtigte Beziehung kann vielmehr eine gute Basis sein, auf sich selbst zu schauen und etwas für sich zu tun. Ähnliches sehen wir bei Kindern, die erst dann die Welt entdecken, wenn sie sich bei ihren Eltern sicher und geborgen fühlen.

Hohe Ansprüche bringen ein Wir-Gefühl zum Ausdruck, eine Orientierung hin auf die Beziehung. Beide Partner ziehen am gleichen Strang, mit voller Kraft und dank ihrer gemeinsamen Wertvorstellungen auch in die gleiche Richtung. Dieses Wir-Gefühl hat sich auch in anderen wissenschaftlichen Untersuchungen als sehr positiv für die Beziehung herausgestellt. So verhalten sich Männer wie Frauen beispielsweise konstruktiver in Konflikten, wenn sie stark auf ihre Beziehung orientiert sind, als wenn sie ihre Individualität und Unabhängigkeit betonen.

Wer viel fordert, gibt auch viel

Viel fordern macht also zufrieden? Nun, mit dem Anspruch allein ist es nicht getan. Vielmehr müssen die Forderungen auch in die Tat umgesetzt werden – und genau das scheint bei den von uns befragten Ehepaaren der Fall zu sein. Wer hohe Ansprüche hat, der unterstützt seinen Partner stärker in Stresssituationen – so wie wir das in Kapitel 4 kennengelernt haben. Zudem lösen Männer und Frauen, die viel von ihrer Beziehung fordern, Konflikte konstruktiver und empfinden die Kommunikation in ihrer Partnerschaft als positiv. Offenbar bleibt es demnach nicht bei Lippenbekenntnissen, die eingeforderte starke Orientierung hin auf die Beziehung wird tatsächlich gelebt.

Bei Männern wirken sich die eigenen Ansprüche stärker auf

die Unterstützung aus, die sie gewähren, als bei Frauen. Beide Partner machen die Erfüllung ihrer Ansprüche in höherem Maße vom Coping des Partners abhängig als vom eigenen. Sie sind also dann zufrieden, wenn sie sich unterstützt fühlen – dieser Zusammenhang ist bei Frauen noch deutlicher als bei Männern.

Die Frau als »Beziehungspflegerin«

Männer und Frauen hatten in unserer Studie sehr ähnliche Ansprüche, doch sie wichen in einzelnen Beziehungsbereichen voneinander ab. So forderten Frauen unter anderem mehr Gemeinsamkeit, Gleichberechtigung und Investition als Männer in finanziellen Dingen, bei der Kommunikation, Beziehungen zur Verwandtschaft und der Kindererziehung. Diese Bereiche wurden ähnlich abgefragt wie die weiter vorne abgedruckten vier Bereiche (vgl. Seite 135 ff.). Zudem sahen die Frauen ihre Ansprüche in einigen Bereichen in geringerem Ausmaß erfüllt als ihre Partner, beispielsweise was Beruf, Freizeit, Finanzen, Kommunikation, Aufgabenteilung im Haushalt und Kindererziehung anging. In puncto Sexualität hingegen sahen die Männer ihre Vorstellungen eher verletzt.

Dabei muss man im Auge behalten, dass sich unter den von uns befragten Eheleuten viele befanden, die eine traditionelle Rollenaufteilung gewählt hatten. Das erklärt beispielsweise, warum die gemeinsame Investition bei der Aufgabenteilung im Haushalt und der Verteilung der Pflichten in der Kindererziehung vor allem den Frauen wichtig ist und von ihnen bemängelt wird. Allerdings bleiben diese Bereiche auch für junge Paare ein großes Thema, die ein etwas anderes Partnerschaftsmodell wählen, wie wir in Kapitel 9 sehen werden.

Dass Frauen in vielen Bereichen höhere Ansprüche haben als Männer und diese Ansprüche häufiger als verletzt erleben, hat zudem damit zu tun, dass sich Frauen in aller Regel stärker für die Beziehungspflege zuständig fühlen. Die Erklärung dafür wird in der Kindheit gesucht: Mädchen können ihre weibliche Rolle von der Mutter lernen und in einer engen Beziehung zu ihr bleiben. Jungen dagegen müssen sich von der Mutter abgrenzen, um ihre männliche Geschlechtsidentität zu entwickeln. So bleiben enge emotionale Beziehungen für Mädchen ein stärkerer Bestandteil ihres Selbstkonzepts als für Jungen. Auch als Erwachsene richten sich Frauen dann stärker auf Beziehungen aus und machen ihre Selbstbewertung von diesen abhängig. Sie sehen ihre Partnerschaft häufig kritischer, sprechen Schwierigkeiten eher an und sind stärker um Austausch bemüht. Wenn etwas in der Beziehung nicht stimmt, fühlen sie sich eher verantwortlich. Dass dies auch der gesellschaftlichen Erwartung entspricht, zeigt sich daran, dass in manchen Kulturen der Frau selbst dann die Schuld gegeben wird, wenn der Mann die Ehe bricht.

Denken Sie einmal an die Partnerschaften in Ihrem Freundes- und Familienkreis: Ist es nicht oft so, dass die Frau den Terminkalender verwaltet? Sie trifft Verabredungen, verschickt die Weihnachtspost und denkt an die Geburtstage. Diese Art der Beziehungspflege hatte wohl auch der amerikanische Schriftsteller und Journalist Ogden Nash bei seiner Definition von Ehe im Kopf: »Die Ehe ist das Bündnis zweier Menschen, von denen einer sich niemals an Geburtstage zu erinnern vermag und der andere sie nie vergisst.«

Woher kommen unsere Ansprüche?

Gesellschaftliche Erwartungen und das kulturelle Umfeld nehmen somit Einfluss auf die Ansprüche, die eine Person an ihre Liebesbeziehung stellt. Auch die Situation in der Herkunftsfamilie bleibt nicht ohne Wirkung. Männer wie Frauen, die in einem positiven Familienklima aufwuchsen, das insbesondere von Zusammenhalt geprägt war, haben höhere Ansprüche, was Gemeinsamkeit, Gleichberechtigung und Investition in die eigene Partnerschaft angeht. Es scheint also das Bestreben zu geben, die unterstützende Atmosphäre im Elternhaus ein Stück weit fortzusetzen.

Zudem spielt die Persönlichkeit eine Rolle: Sozial kompetente und einfühlsame Menschen stellen höhere Anforderungen an die Beziehung. Und wir kommen noch einmal auf die im vorangegangenen Kapitel beschriebenen Beziehungstheorien zurück, denn: Wer an das Wachstum von Beziehungen glaubt, legt die Messlatte ebenfalls höher. Hier schließt sich ein Kreis, denn dank des geforderten hohen Engagements hat die Partnerschaft dann wirklich die Chance, gut zu gedeihen.

▨ Das Wichtigste auf einen Blick

- Hohe Ansprüche in Bezug auf Gemeinsamkeit, Gleichberechtigung und Investition in die Beziehung sind der Partnerschaft zuträglich.
- Hohe Ansprüche bedeuten ein starkes Wir-Gefühl, das heißt eine Orientierung hin auf die gemeinsame Beziehung. Sie bedeuten nicht, dass die eigenen Freiräume aufgegeben werden und man völlig vom Partner abhängig ist.
- Wer viel von sich und seinem Partner fordert, ist eher bereit, dem anderen in Stresssituationen unter die Arme zu greifen, und fühlt sich auch selbst stärker unterstützt. In der Folge werden die Ansprüche als erfüllt erlebt und die Zufriedenheit mit der Partnerschaft steigt.
- Frauen haben in einigen Bereichen etwas höhere Ansprüche als Männer und sehen diese in geringerem Ausmaß als erfüllt an. Dies hängt mit der gesellschaftlichen Rolle der Frau als »Beziehungspflegerin« zusammen.
- Wer in seiner eigenen Herkunftsfamilie hohen Zusammenhalt erlebt hat, sozial kompetent und einfühlsam ist und an die Entwicklungsmöglichkeiten von Beziehungen glaubt, stellt höhere Ansprüche an seine Partnerschaft.
- Bei Ansprüchen an die Gemeinsamkeit, Gleichberechtigung und Investition in die Beziehung gibt es kein »Zuviel des Guten«. Bei perfektionistischen oder unrealistischen Anforderungen jedoch schon, beispielsweise bei der Forderung, niemals zu streiten oder dem anderen als guter Beziehungspartner jeden Wunsch von den Augen ablesen zu können (vgl. Kapitel 5).

▨ **Was Sie als Paar mitnehmen können:**

- *Klären Sie Ihre Ansprüche:* Überlegen Sie sich, welche Wertvorstellungen Ihnen wichtig sind, wann Sie sich gleichberechtigt fühlen und was genau Sie an Investition in die Beziehung erwarten. Tauschen Sie sich über Ihre Ansprüche aus. Die Unterschiede in Ihrer beider Anforderungen haben vergleichsweise wenig Einfluss auf das Beziehungsglück. Wichtig ist vor allem, eine ordentliche Portion Wir-Gefühl einzufordern.
- *Machen Sie weiter:* Belassen Sie es nicht bei den Beispielen, die Sie in diesem Buch finden. Überlegen Sie, welche weiteren Ansprüche Sie an Ihre Beziehung und Ihren Partner stellen. Wie sollte er sich verhalten, was erwarten Sie von ihm? Versuchen Sie, das an konkreten Situationen festzumachen. Zu hören, dass der andere »mehr Freiraum« fordert, ist beispielsweise weniger hilfreich als zu erfahren, dass es für den Partner wichtig ist, sich erst einmal eine halbe Stunde zurückziehen zu können, wenn er von der Arbeit nach Hause kommt.
- *Hinterfragen Sie Ihre Ansprüche:* Vielleicht stoßen Sie auf Ihrer Reise durch die eigene Anspruchswelt auf Forderungen, die überzogen und schwer erfüllbar sind. Betrachten Sie diese kritisch: Welchen Gewinn bringen sie, warum halten Sie daran fest? Welche Gefahr für die Beziehung könnte sich andererseits daraus ergeben? Wie könnten Sie die Ansprüche verändern, so dass die positiven Seiten gewahrt bleiben, die negativen jedoch reduziert werden?
- *Woher kommen Ihre Ansprüche?* Vielleicht nehmen Sie sich die Zeit, einmal darüber nachzudenken, warum Ihre Ansprüche genau so sind wie sie sind. Was haben Ihre Eltern Ihnen vorgelebt, welche Erwartungen hatten bzw. haben sie an ihre Partnerschaft? Was haben sie Ihnen für Ihre eigene Beziehung mit auf den Weg gegeben? Und was haben Sie selbst aus früheren Partnerschaften gelernt?

7 Was ich an dir mag ...
Die guten Seiten
der besseren Hälfte

»Einen Menschen zu nehmen wie er ist,
ist noch gar nichts, das muss man immer.
Die wirkliche Liebe besteht darin,
ihn auch zu wollen, wie er ist.«
Alain alias Émile Chartier

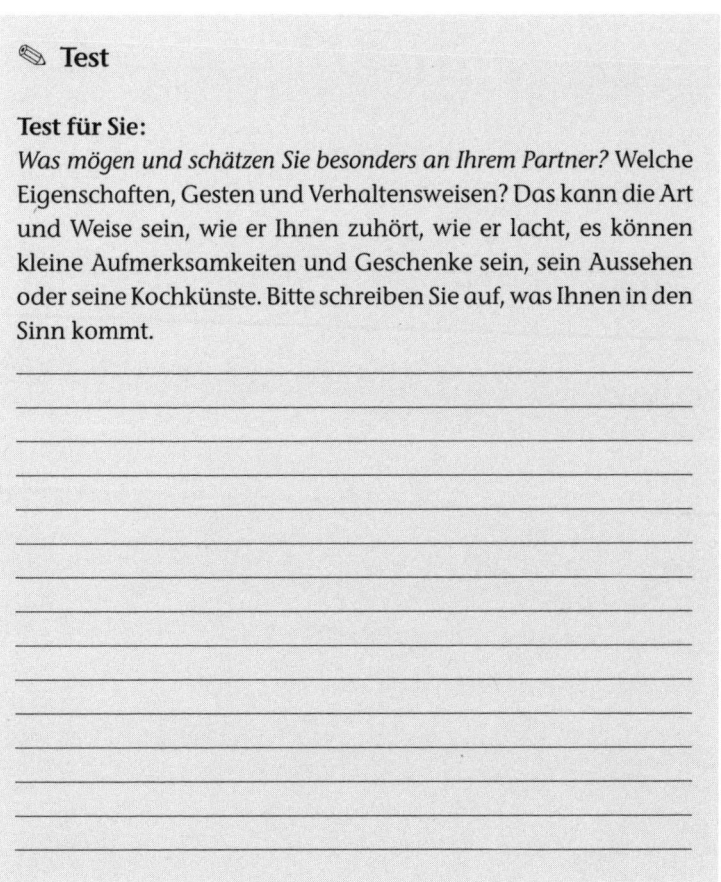

✎ Test

Test für Sie:
Was mögen und schätzen Sie besonders an Ihrem Partner? Welche Eigenschaften, Gesten und Verhaltensweisen? Das kann die Art und Weise sein, wie er Ihnen zuhört, wie er lacht, es können kleine Aufmerksamkeiten und Geschenke sein, sein Aussehen oder seine Kochkünste. Bitte schreiben Sie auf, was Ihnen in den Sinn kommt.

_____

_____

_____

_____

_____

_____

_____

_____

_____

_____

_____

_____

_____

_____

_____

_____

Test für Ihn:
Was mögen und schätzen Sie besonders an Ihrer Partnerin? Welche Eigenschaften, Gesten und Verhaltensweisen? Das kann die Art und Weise sein, wie sie Ihnen zuhört, wie sie lacht, es können kleine Aufmerksamkeiten und Geschenke sein, ihr Aussehen oder ihre Kochkünste. Bitte schreiben Sie alles auf, was Ihnen in den Sinn kommt.

Danke für das Kompliment

Was mag ich an meinem Partner? Eine Frage, die zu Beginn einer Beziehung eine große Rolle spielt, aber dann? Vielleicht gehören Sie zu denjenigen, die sich weiterhin darüber austauschen. Doch vielleicht gehören Sie auch zum – vermutlich weitaus größeren – Teil, für den diese Überlegung spannende Antworten birgt. Da man weiß, dass gegenseitige Wertschätzung ein wichtiger, aber zumeist vernachlässigter Bestandteil glücklicher Beziehungen ist, werden die Teilnehmer in vielen Partnerschaftsseminaren mit ähnlichen Aufgaben konfrontiert wie Sie eben. Die Ergebnisse sind oft verblüffend, weil ganz andere Eigenschaften als die genannten erwartet wurden. So wird Intelligenz gelobt, wo man an erster Stelle Fürsorglichkeit gegenüber den Kindern vermutet hätte. Oder es stehen die schönen Augen ganz oben auf der Liste, von denen der Partner schon jahrelang nicht mehr geschwärmt hatte.

In unserer Kultur ist Wertschätzung Mangelware. Nicht selten lautet das Motto »Nicht geschimpft ist gelobt«. Und so haben viele von uns wenig Übung im Umgang mit Wertschätzung, fühlen sich zwar geschmeichelt, aber auch ein bisschen peinlich berührt oder aufgefordert, das Kompliment gleich wieder zu entkräften. Wenn Sie oder Ihr Partner eher solch ein »Danke, aber …«-Typ sind, bietet es sich an, die positive Rückmeldung schriftlich festzuhalten und auszutauschen. So können Sie die Komplimente in Ruhe auf sich wirken lassen, ganz für sich alleine, ohne gleich zu reagieren.

»Dein ganzes Wesen fesselt mich«

Auch den Ehepaaren in unserer Forschungsstudie haben wir die Frage gestellt, was sie besonders an ihrem Partner schätzen. Einige antworteten schlicht: »Alles.« Und Konstantin Wecker will sich in seinem Lied »Was ich an dir mag« ebenfalls nicht so recht festlegen:

>*Ist es deine Stimme, sind es deine Hände,*
>*ach – dein ganzes Wesen fesselt mich,*
>*um dich zu beschreiben, bräucht' es Bände,*
>*besser sag ich schlicht: Ich liebe dich.«*

Andere Eheleute hingegen zählten eine ganze Reihe von Eigenschaften auf. Im Schnitt waren es rund fünf, maximal wurden 27 positive Dinge genannt; ausgewertet wurden die Antworten von 1061 Ehepartnern. Spitzenreiter waren ganz bestimmte Persönlichkeitseigenschaften:

Was ich an meiner Partnerin/meinem Partner mag

1. Ihre/seine Persönlichkeit (76 %), vor allen Dingen Zuverlässigkeit, Humor und gute Laune sowie Ehrlichkeit.
2. Ihr/sein Verhalten in unserer Beziehung, vor allen Dingen Zärtlichkeit und Zuneigung, Treue und Liebe (55 %).
3. Wie sie/er mit den Kindern und Enkeln umgeht (23 %).
4. Wie sie/er aussieht, ihren/seinen Körper, wie sie/er lacht und sich bewegt (22 %).
5. Wie sie/er den Haushalt führt, ihre/seine Kochkünste und handwerklichen Fähigkeiten (20 %).
6. Dass sie/er mir in Gesten ihre/seine Zuneigung zeigt (9 %), z. B. durch den täglichen Abschiedskuss.
7. Dass sie/er beruflich erfolgreich ist; ihr/sein verantwortungsvoller Umgang mit finanziellen Ressourcen (9 %).
8. Wie sie/er sich in unserem Freundeskreis und gegenüber anderen Personen außerhalb der Familie verhält (7 %).
9. Dass sie/er mit mir Aktivitäten und Interessen teilt (5 %).
10. Einfach alles! (5 %)

Die reine Anzahl der aufgelisteten Eigenschaften stand nicht in Zusammenhang mit der Zufriedenheit. Wer viele verschiedene Dinge nennt, ist nicht automatisch glücklicher in seiner Beziehung als derjenige, der zwei oder drei Merkmale aufzählt. Wichtiger ist vielmehr der Inhalt: So sind Paare zufriedener, bei denen einer der Partner oder beide dem anderen mindestens zwei der folgenden sechs Eigenschaften zuschreiben: Zuverlässigkeit, Ehrlichkeit, Humor, Treue, Liebe und Zärtlichkeit.

Besonders glücklich sind übrigens diejenigen, die sagen, dass sie einfach »alles« an ihrem Partner mögen. Den zu Beginn dieses Kapitels zitierten Philosophen Alain sollte das kaum verwundern, denn diese Eheleute wollen den Partner offenbar wirklich so wie er ist.

Gute Partner sind zuverlässig, humorvoll und ehrlich

Persönliche Merkmale des Partners standen bei drei Vierteln unserer Langzeitehepartner auf der positiven Liste. Männer wie Frauen wollen sich auf ihre Partner verlassen, auch in schweren Zeiten auf sie zählen können und in ihnen ein aufrichtiges Gegenüber finden, dem die gute Laune nicht vergeht. Peter schätzt an seiner Frau Gabi genau diese Eigenschaften: »Sie hält zu mir gegenüber Dritten, auch wenn sie mir später daheim die Meinung sagt. Sie ist zuverlässig. Sie lacht oft, ist fröhlich. Sie ist absolut ehrlich und aufrichtig.« Auch Julia lobt den Humor ihres frisch angetrauten Ehegatten Thomas: »Die positive Einstellung zum Leben. Das manchmal ›Kindliche im Manne‹. Das Unbeschwerte. Das humorvolle Leben bei uns zu Hause. Er kann mich meist zum Lachen bringen und schlechte Stimmung vertreiben.« Elisabeth hat bereits etliche Ehejahre hinter sich, und so ist aus dem Kind in ihrem Ehemann ein Jugendlicher geworden: »Wir haben uns nach 27 Jahren Ehe immer noch viel zu erzählen, auch mit Witz und Humor. Er ist der älteste Teenager der Welt.«

Ein Partner, der das Leben nicht zu ernst nimmt und ihm immer auch positive Seiten abgewinnen kann, ist demnach für viele Frauen und Männer anziehend. Geschätzt werden weiterhin Hilfsbereitschaft und Großzügigkeit, Toleranz und Verständnis sowie Intelligenz und geistige Regsamkeit. Michael fällt zu seiner Ehefrau Silke einiges ein: »Zuverlässig, überlegt, stützend, klug, planend, loyal, kultiviert.«

In der Beziehung zählen Zärtlichkeit und Treue

Komplimente gibt es freilich nicht nur für die Persönlichkeit des Partners, sondern auch für sein Verhalten in der gemeinsamen Beziehung. Vor allen Dingen Zärtlichkeit und Zuneigung sowie Treue werden hervorgehoben. Es kommt demnach gut an, wenn der Partner sagt und zeigt, dass ihm viel am anderen liegt. So schätzt Elke vor allen Dingen an Klaus, »dass er mir auch nach 25 Ehejahren noch sagt ›Ich liebe dich‹«. Gut gefällt weiterhin, wenn der Partner Vertrauen in die Beziehung setzt, Konflikte konstruktiv löst und über angenehme wie unangenehme Dinge mit dem anderen sprechen kann. Hier fühlt man sich unwillkürlich an das Eherezept (vgl. Kapitel 2) und an die Grundpfeiler des Beziehungsglücks erinnert, mit denen wir uns in Kapitel 3 ausführlich befasst haben: Positivität und Konfliktkompetenz.

Fast jeder Vierte der von uns Befragten schätzt den anderen als gute (Groß-)Mutter bzw. guten (Groß-)Vater, der etwas mit den Kindern unternimmt, für sie da ist und ein offenes Ohr für sie hat. Diese Investition lohnt also doppelt: Sie zahlt sich nicht nur in der Beziehung zu den Kindern aus, sondern auch in der zum Partner. Der liebevolle Umgang mit den Sprösslingen ist den Befragten wichtiger als das Aussehen des Partners, das immerhin noch gut jeder Fünfte für erwähnenswert hielt. Die Stimme, das Lachen, die schönen Augen, die gute Figur, die grauen Haare, die Grübchen – all das macht den anderen liebenswert. Kinder und Körper, das zählt auch für Petra: »Er ist ein herzensguter Vater. Er riecht gut. Er sieht gut aus. Er hat schöne Hände.«

Die Blumen des Mannes, die Kochkünste der Frau?

Dass Liebe wirklich durch den Magen geht, zeigt sich daran, dass Koch- und Backkünste ebenfalls von einem beträchtlichen Teil besonders hervorgehoben wurden. Häufiger von Männern, doch nicht nur: Auch einige Frauen hielten das Engagement des Partners in Küche und Haushalt für lobenswert. Männer erwähnten zudem häufiger das gute Aussehen ihrer Partnerin, Frauen hingegen Persönlichkeitsmerkmale des Ehegatten und sein Verhalten in der gemeinsamen Beziehung. Auch Gesten, mit denen der Partner seine Liebe und Wertschätzung ausdrückt, waren den Frauen in unserer Befragung wichtiger als den Männern.

Dies hat sicherlich mit der Rollenaufteilung zu tun, die ein Paar wählt bzw. die sich im Laufe langer Ehejahre ergibt. So ist der Haushalt selbst bei jüngeren Eheleuten immer noch vorzugsweise in der Hand der Frau, folglich ist eher von ihrer Ordnungsliebe oder ihrem guten Sonntagsbraten zu berichten. Ein gelungener Braten kann eine liebevolle Geste sein – die Männer müssen sich da meist anderes ausdenken. Doch das muss nicht der Diamantring sein, erwähnt werden vielmehr die Grüße zum Hochzeitstag, der Blumenstrauß und der Begrüßungs- und Abschiedskuss. So liebt Sonja die Mitbringsel ihres Mannes Jörg – und Jörg liebt Sonja mit jeder Haarfarbe: »Er bringt mir oft eine Kleinigkeit mit, er sagt mir immer wieder, dass ich stets gepflegt und gut aussehe, egal, welche Haarfarbe ich gerade habe. Er ist einfach stolz auf mich.«

Dass auch das Alter und damit die Lebensumstände eines Paares Einfluss darauf nehmen, was man am Partner schätzt, ist nahe liegend. Vor allem Paaren mit kleinen Kindern erscheint berichtenswert, dass der Partner seine Rolle als Vater bzw. Mutter gut ausfüllt. Sind die Kinder im Jugendalter, bereits erwachsen oder haben das Haus schon verlassen, finden sich Nennungen wie »Er ist ein guter Papa« oder »Sie geht liebevoll mit unseren Kindern um« seltener. Ähnliches gilt für das Aussehen des Partners: Es wird hauptsächlich von jüngeren Paaren genannt – Ausnahmen wie Heinz bestätigen die Regel: »Meine Frau ist trotz ihres Alters von 84 Jahren eine attraktive Erscheinung, dank ihrer steten gymnastischen Übungen.« Auch die Unterstützung durch den Partner haben vor allem Paare mit kleinen Kindern auf der positiven Liste. Und das ist nicht weiter verwunderlich, denn in dieser anstrengenden Zeit ist es besonders wichtig, dass man sich gegenseitig unter die Arme greift.

■ **Das Wichtigste auf einen Blick**

– Besonders geschätzt werden Persönlichkeitsmerkmale des Partners: seine Zuverlässigkeit, sein Humor und seine Ehrlichkeit.
– Liebenswert am Partner sind weiterhin die Zärtlichkeit, Zuneigung und Liebe, die er entgegenbringt. Auch seine Treue wird häufig positiv erwähnt.
– Das Verhalten den eigenen Kindern gegenüber ist vor allem Paaren mit jüngeren Kindern wichtig. Auch das Aussehen spielt vorwiegend bei jüngeren Paaren eine Rolle.
– Männer loben häufiger das gute Aussehen ihrer Partnerin und deren Kochkünste. Frauen finden dagegen öfter Persönlichkeitsmerkmale wie Großzügigkeit erwähnenswert sowie die kleinen Gesten ihres Partners.
– Wer viele Eigenschaften nennt, ist nicht zwangsläufig zufriedener. Nicht die Quantität zählt also, sondern die Qualität.

■ **Was Sie als Paar mitnehmen können**

– *Auf diesen Partner ist Verlass:* Zeigen Sie Ihrem Partner, dass er auf Sie zählen kann. Nicht nur durch Beistand in schwierigen Zeiten, es fängt vielmehr bei Kleinigkeiten an: indem Sie beispielsweise Versprechen einhalten, Aufgaben erledigen, sich um Pünktlichkeit bemühen. Erinnern Sie sich an Kapitel 4, dort ging es um die gemeinsame Stressbewältigung.
– *Holen Sie sich Spaß ins Leben:* Sich Fröhlichkeit im Alltag zu bewahren, ist oft nicht leicht, wenn viel zu tun ist, die Kinder streiten und der Chef nervt. Nehmen Sie sich einen gemeinsamen Abend als Auszeit und machen Sie einmal wieder das, was Ihnen wirklich Spaß macht: Essen gehen, Tanzen, Kino, Theater – alles, was Ihre Laune hebt. Wer miteinander lachen kann, kann oft auch Konflikte konstruktiver lösen – indem er ihnen mit Humor die Spitze nimmt.
– *Kleine Gesten erhalten die Beziehung:* Vor allem Frauen schätzen die kleinen Gesten außerhalb der großen Festtage, sei es ein Blumenstrauß, ein Kuss, ein Brief oder einfach ein liebes Wort. Schließlich stehen seine Zuneigung, Zärtlichkeit und Liebe ganz oben auf der Liste der Dinge, die man am Partner mag – und diese Gefühle müs-

sen ihren Ausdruck finden. Da Liebe durch den Magen geht, kann auch ein liebevoll arrangiertes gemeinsames Mahl eine zärtliche Geste sein. In Kapitel 4 haben wir Ihnen eine Übung vorgestellt, um das »Beziehungs-Guthaben« zu füllen. Probieren Sie sie aus, denn so können Sie viel darüber lernen, welche kleinen Gesten Ihr Partner ganz besonders schätzt.

– *Wertschätzung will gelernt sein:* Komplimente machen fällt oft schwer, Komplimente annehmen noch viel mehr. Doch davon soll-ten Sie sich nicht abschrecken lassen. Ganz im Gegenteil: Nehmen Sie sich die Zeit und sagen Sie sich in regelmäßigen Abständen, was Sie aneinander schätzen. Vielleicht die drei Dinge, die Ihnen gerade am wichtigsten erscheinen. Denn: Wertschätzung ist eine der wich-tigsten Zutaten glücklicher Partnerschaften.

Wenn Sie Lust haben, sich noch näher mit dem Thema Wertschät-zung auseinanderzusetzen, empfehlen wir Ihnen folgende Schritte:

1) *Ich und Wertschätzung.* Überlegen Sie, was es für Sie bedeutet, Komplimente zu machen und Komplimente zu erhalten. Das hat auch etwas mit der Kultur zu tun, in der Sie leben und arbeiten. Welche Rolle spielte Wertschätzung in der Familie, in der Sie auf-gewachsen sind? Welche Rolle spielt Wertschätzung an Ihrem Ar-beitsplatz? Und wie wertschätzend ist Ihr Freundeskreis?

2) *Du und Wertschätzung.* Wie geht Ihr Partner mit Wertschätzung um? Macht er gerne Komplimente? Fällt es ihm schwer, etwas Po-sitives von Ihnen anzunehmen? Oder freut er sich über Wertschät-zung und genießt sie in vollen Zügen? Warum ist das wohl so? Eine Frage, der Sie auch gut gemeinsam nachgehen können.

3) *Wir und Wertschätzung.* Welche Rolle spielt Wertschätzung in Ihrer Partnerschaft? Wann haben Sie zum Beispiel das letzte Mal ausge-sprochen, was Ihnen gut am anderen gefällt – also das, was Sie am Anfang des Kapitels niedergeschrieben haben? Und wann haben Sie das letzte Mal Komplimente von Ihrem Partner gehört?

4) *Perspektivenwechsel.* Was glauben Sie, schätzt Ihr Partner an Ihnen? Und warum? Sehen Sie noch einmal die Liste durch, die Ihr Partner über Sie zusammengestellt hat, und überlegen Sie, ob Sie wissen, was genau er damit meint.

5) *Wenn einmal ein Kompliment danebengeht.* Seien Sie ehrlich mitei-nander! Sie müssen sich nicht über jedes Kompliment freuen. Viel-

leicht fühlen Sie sich nicht ernst genommen, weil Eigenschaften, die Ihres Erachtens wichtig sind, für den Partner offenbar keine Rolle spielen. Oder Sie haben den Eindruck, Ihr Partner müht sich, Ihnen etwas Nettes zu sagen, obwohl ihm gerade nicht danach ist oder er es gar nicht so meint. Komplimente um der Komplimente willen, das geht in der Regel nach hinten los. Wenn dem so ist, sollten Sie es offen ansprechen, um weitere Verletzungen zu vermeiden. Vielleicht müssen Sie erst lernen, die gegenseitige Wertschätzung in Worte zu fassen – üben lohnt in jedem Fall!

8 Auf und nieder, immer wieder …
Die Hochs und Tiefs einer Partnerschaft, und wie man schwierige Zeiten überwindet

>*»Das Auf und Ab im menschlichen Leben*
>*gibt ihm Farbe und Wert.«*
>Stefan Zweig

Der österreichische Schriftsteller Stefan Zweig sieht Talfahrten als Herausforderungen, er glaubt an die Entwicklungsmöglichkeiten im Leben. Eine hilfreiche Einstellung auch in der Liebesbeziehung, denn kaum eine Partnerschaft bleibt auf Dauer von Krisen verschont. Die Erwartung: »In einer guten Beziehung muss man immer hochzufrieden sein« gehört zu den unrealistischen Annahmen, die wir in Kapitel 5 kennengelernt haben und die das Beziehungsglück gefährden, da sie im Laufe der Jahre zwangsläufig widerlegt werden. Doch die Umwelt übt einen gewissen Erfolgsdruck auf die Partner aus: »Es fällt niemandem ein, von einem Einzelnen zu verlangen, dass er glücklich sei. Heiratet aber einer, so ist man sehr erstaunt, wenn er es nicht ist!« Diesen Satz formulierte der österreichische Dichter Rainer Maria Rilke bereits vor mehreren Jahrzehnten. Er gilt mehr denn je in einer Zeit, in der familiäre Bindungen immer weiter abnehmen und die Partnerschaft vielen als einziger sicherer Hafen erscheint.

Auch in sicheren Häfen jedoch schlagen die Wellen bisweilen hoch. Vor Stress und Streit ist keine Partnerschaft gefeit, der Auslöser kann dabei außerhalb oder innerhalb der Beziehung liegen. Glaubt man dem Schweizer Stressforscher Guy Bodenmann, so beeinträchtigt Stress die Partnerschaft auf viererlei Weise: (1) Er schränkt die gemeinsam verbrachte Zeit ein und schwächt damit das Wir-Gefühl. Schließlich kostet die Auseinandersetzung mit dem Stressauslöser wertvolle Zeit und Energie und nimmt den Betroffenen auch in seinen Gedanken ein. (2) Die Qualität der Kommunikation des Paares sinkt dramatisch. Komplimente und Lob bleiben aus, stattdessen hagelt es Vorwürfe und Kritik.

Kein guter Weg, den Stress zu reduzieren. (3) Stress geht an die Substanz, er äußert sich bei vielen Menschen auch körperlich, sei es durch Kopf- oder Magenschmerzen, Schlafprobleme, Hautleiden oder psychische Erkrankungen. (4) Außerdem legt Stress problematische Persönlichkeitsmerkmale frei bzw. verstärkt sie. Wer sonst zum Ärger neigt, wird aggressiv, wer an sich ängstlich ist, wird panisch, wer sonst eher pessimistisch ist, wird hoffnungslos und verzweifelt.

Stress in höheren Dosen und über einen längeren Zeitraum hinweg kann jede noch so gute und stabile Liebesbeziehung zermürben. Nicht umsonst hat sich in der Familienforschung schon vor vielen Jahren ein eigener Zweig herausgebildet, der sich genau damit beschäftigt: die sogenannte Familienstresstheorie.

Auslöser, Bewertung und Bewältigung – ein Krisenmodell

Der amerikanische Stressforscher Reuben Hill beobachtete Familien, die durch den Zweiten Weltkrieg getrennt und später wieder vereinigt worden waren. Er fand heraus, dass bei der Reaktion auf belastende Ereignisse (sogenannte Stressoren) zwei Dinge entscheidend sind: die Bewältigungsmöglichkeiten (oder bestehenden Ressourcen) der Familie und die Wahrnehmung und Bewertung der auslösenden Begebenheit. Beides ist miteinander verknüpft, denn wer sich gut gewappnet fühlt, der wird nicht so rasch in Katastrophenstimmung geraten und folglich besser mit der Krise klarkommen. Hills theoretischer Ansatz brachte es als sogenanntes ABCX-Stressmodell (A für Stressor, B für bestehende Ressourcen, C für Wahrnehmung des Stressors und X für Krise) zu einer gewissen Berühmtheit. Hamilton McCubbin und Joan Patterson haben Hills einfaches zu einem doppelten ABCX-Stressmodell erweitert.

Das doppelte ABCX-Stressmodell

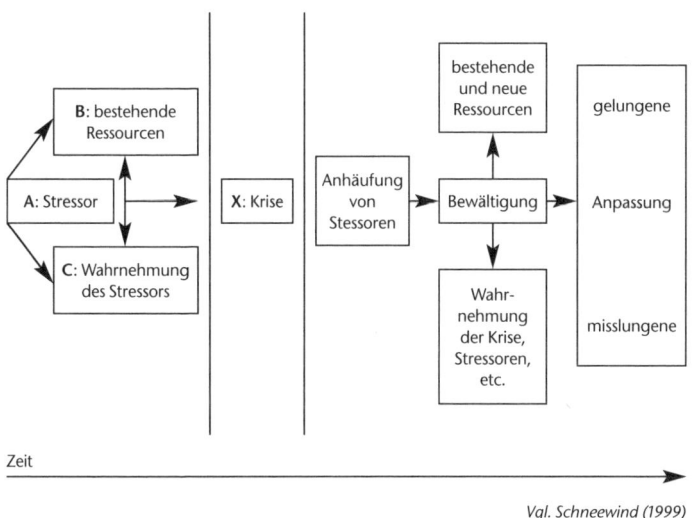

Vgl. Schneewind (1999)

Der Grund für diese Verdoppelung ist nachvollziehbar, denn ein Unglück kommt leider selten allein: Erst verliert der Partner seine Arbeitsstelle, dann wird das Geld knapp, Streitereien häufen sich, die Arbeitslosigkeit macht depressiv. Immer wieder müssen die Partner die Situation neu bewerten und auf ihre Ressourcen zurückgreifen, um wieder in ruhigeres Fahrwasser zu gelangen. Schaffen sie dies, so sind sie besser gewappnet für die nächste Krise – aus dem Bewusstsein heraus, eine schwierige Phase gemeistert zu haben und dank der erlangten Fertigkeiten. Bleibt die Situation hingegen angespannt, wird der nächste Sturm noch größeren Schaden anrichten. Mit anderen Worten: Je nachdem, welchen Pfad das Paar zur Krisenbewältigung einschlägt, kommt es zu einer gelungenen oder misslungenen Anpassung an die herausfordernden Situationen.

Wie ein krisenhaftes Ereignis bewertet wird, hängt zum einen mit bisherigen Erfahrungen zusammen, zum anderen aber auch mit grundlegenden Einstellungen und Persönlichkeitsmerkmalen. Für den einen ist das Glas halb leer, für den anderen halb voll, was der eine als Katastrophe betrachtet, sieht der andere als

Herausforderung. Wer Beziehungen als Schicksal sieht unter dem Motto: »Entweder zwischen uns passt es oder es passt nicht«, wird in schwierigen Situationen eher aufgeben als derjenige, der an die Wachstumsmöglichkeiten von Beziehungen glaubt, das kennen wir bereits aus Kapitel 5. Wer annimmt, in einer guten Partnerschaft dürfe es nie Streit geben und jede Form der Auseinandersetzung sei daher gefährlich für den Fortbestand der Beziehung, wird viel schwärzer sehen als ein anderer, der Reibereien als normalen Bestandteil einer Partnerschaft betrachtet. Wer an sich und seine Fähigkeiten glaubt, tut sich in harten Zeiten leichter. Und auch die Maßstäbe sind individuell unterschiedlich: Was dem einen ein Flirt ist, ist dem anderen ein Seitensprung – beides kann als Ehebruch gesehen werden, je nachdem, wie empfindlich der Partner diesbezüglich ist, und so können individuell ganz unterschiedliche Ereignisse eine Krise auslösen.

Oben genannte Denkmuster und Persönlichkeitseigenschaften beeinflussen neben der Bewertung natürlich auch die Bewältigung der Krise. Ein hohes Selbstwertgefühl ist ebenso hilfreich wie die starke Überzeugung, selbst etwas bewirken zu können. Wer glaubt, seines Glückes Schmied zu sein, wird aktiv darangehen, die Probleme aus der Welt zu schaffen. Wer sich hingegen hilflos und hoffnungslos fühlt, bleibt wie gelähmt in der Krise stecken. Zu den Ressourcen eines Paares oder einer Familie zählen weiterhin Vermögen, Bildungsstand und das gesundheitliche und psychische Wohlergehen. Das lässt sich am Beispiel der Arbeitslosigkeit rasch verdeutlichen: Eine gesunde, gut ausgebildete Person wird leichter wieder Arbeit finden, entsprechende Rücklagen helfen, die Einkommenseinbußen auszugleichen. Wichtig ist auch die Unterstützung aus dem sozialen Umfeld, sei es durch Rat oder Tat, durch Informationen oder durch materielle Zuwendungen. Und nicht zuletzt spielt die Fähigkeit der Beteiligten, Konflikte und Stress konstruktiv zu bewältigen, eine entscheidende Rolle, sei es als Individuum oder als Paar – das wissen wir bereits aus Kapitel 4.

Stressor ist nicht gleich Stressor

Schulprobleme der Kinder, Arbeitslosigkeit eines Elternteils, eine plötzliche schwere Erkrankung – all dies kann eine Krise auslösen. Doch es wird die Familie in aller Regel weniger Aufwand kosten, mit Lernschwierigkeiten klarzukommen als mit einer Krebserkrankung. Alltägliche Unannehmlichkeiten, die lästigen, aber üblichen Begleiter, erreichen vielleicht Windstärke 5 oder 6, können ein intaktes Schiff kaum zum Kentern bringen, ihm aber auf Dauer manchen Schaden beibringen. Dazu gehören Zeitdruck, Schulprobleme, Streitigkeiten zwischen den Kindern, der übliche Ärger in der Arbeit, die Erkältung im Herbst. Sturmwarnung bei Windstärken von 8 bis 9 lösen hingegen Übergänge im Familienlebenszyklus aus, wie wir sie im folgenden Kapitel kennenlernen werden, beispielsweise der Bezug einer gemeinsamen Wohnung, die Geburt eines Kindes, der Übergang in den Ruhestand. Und einen Orkan mit Windstärke 12 entfachen schwerwiegende und unvorhersehbare Ereignisse wie die Behinderung eines Kindes, ein schwerer Unfall, eine langwierige Krankheit oder eine Naturkatastrophe, die die Existenz zerstört.

Die amerikanischen Forscher Thomas Holmes und Richard Rahe haben in den 60er Jahren des vergangenen Jahrhunderts mehrere Hundert Personen gebeten, verschiedene Ereignisse nach ihrem Schweregrad einzustufen. Als Maßstab gaben sie der Eheschließung den Punktwert 50. Mit 100 Punkten den höchsten Stresswert erhielt der Tod des Ehepartners, Scheidung wurde bei 73 angesetzt. Krankheit und der Verlust des Arbeitsplatzes brachten es auf jeweils rund 50 Punkte, der Eintritt in den Ruhestand sowie eine Schwangerschaft und Geburt lagen bei Werten um die 40, der Auszug der Kinder aus dem Haus bei 29 Punkten – gleichauf mit Schwierigkeiten mit Schwiegereltern, -söhnen und -töchtern. Ein Wohnortwechsel wird mit 20 Stresszählern bemessen und selbst Urlaub und das Weihnachtsfest steuern alljährlich 13 bzw. 12 Punkte auf der Stressskala bei. Auch an und für sich positiv bewertete Ereignisse wie die Eheschließung oder der gemeinsame Jahresurlaub bringen also zumindest ein spürbares Lüftchen mit sich. Und Erinnerungen an das eine oder andere konfliktreiche Weihnachtsfest im trauten Familienkreis machen klar, dass dieses Lüftchen auch zum Gegenwind werden kann.

Die Tiefpunkte im Beziehungsverlauf

Einen Teil der Ehepaare aus unserem Forschungsprojekt haben wir zu den Tiefpunkten und den Höhepunkten in ihrer Beziehung interviewt. Als häufigster Krisenherd wurde die Geburt eines Kindes genannt. Die oftmals beschwerliche Zeit der Schwangerschaft, die Anstrengungen rund um die Geburt und im ersten Lebensjahr des Kindes stellten für fast jeden fünften Ehepartner eine gravierende Belastung dar, die das Wohlbefinden in der Partnerschaft beeinträchtigte. Dies galt vor allem für die Frauen: Jede dritte nannte die Zeit rund um die Geburt als Tiefpunkt in ihrem bisherigen Eheleben. So auch Anna: »Ja, das erste Kind war ein Erlebnis. Das war wirklich schrecklich. Wäsche gewaschen, gekocht, Kind trocken gelegt, Kind die ganze Nacht geschrien, ich war todunglücklich. Das erste Jahr hab ich fast nur geheult.« Erika ging es nach der Geburt des ersten Kindes ebenfalls schlecht: »Ich hab mich da ziemlich alleine gefühlt, weil, das war meine Aufgabe und ich war nicht ausgeschlafen. Teilweise war ich da auch erst mal überfordert. Da hätte ich ein bisschen mehr Hilfe von meinem Mann erwartet, also, vielleicht auch mal nachts aufstehen, mal ein Fläschchen geben.«

Die Kinder von Erika sind mittlerweile erwachsen, und manches hat sich verändert. Doch nach wie vor trägt die Mutter in der Regel die Hauptlast der Kindererziehung, der Vater in der Krabbelgruppe bleibt Exot. Andererseits werden Kinder zunehmend als Weg zur persönlichen Selbstverwirklichung betrachtet und mit hohen Erwartungen belegt: Wer nur ein Kind bekommt, und das vielleicht in einem vergleichsweise hohen Alter, der konzentriert zwangsläufig all seine Zuneigung und Hoffnung auf diesen Sprössling – und das hat Licht- und Schattenseiten.

Eine schwerwiegende körperliche oder psychische Erkrankung bei einem der beiden Partner nannten 19 % der Ehepartner als Tiefpunkt. Ängste und Sorgen bezüglich der Zukunft, aber auch die Trennung durch Krankenhausaufenthalte und möglicherweise damit verbundene finanzielle Einbußen belasten die Beziehung. Berufliche und finanzielle Schwierigkeiten wurden von 18 % der Befragten als Krisenherd eingestuft. Daran zeigt sich, wie stark Einflüsse aus dem Umfeld die Beziehung belasten können – eine stürmische See macht eben auch vor den Mauern des »Ehe-Hafens« nicht Halt. Häufig tauchte das Stichwort Hausbau auf, der nicht nur die Zeit raubt, sondern auch das Geld, und für viele Partnerschaften zu einer echten Belastungsprobe wird. Zumal der Nestbau nicht selten in einer ohnehin schon anstrengenden Phase erfolgt, nämlich wenn ein Kind sich ankündigt oder gerade geboren ist. So kommt eines zum anderen – wie im doppelten ABCX-Modell beschrieben –, und man weiß oft nicht, in welcher Grundrechenart: Addieren sich die Stressoren nur, oder multiplizieren sie sich gar?

Aller Anfang ist schwer ...

Interessanterweise nannten 6 % der Befragten auch den Beginn der Beziehung als kritische Phase, dabei vor allem den Bezug einer gemeinsamen Wohnung. So birgt auch dieser in der Regel erwünschte Schritt ein Risiko für das junge Beziehungsglück, zum Beispiel für Monika: »Das erste Jahr, das war das schwierigste. Ich habe immer gesagt, das erste Jahr, nicht das siebte, oder was man sonst immer nennt. Da hätte ich mich am liebsten schon wieder ein paar Mal scheiden lassen.«

Hintergrund sind bisweilen Auseinandersetzungen mit den Herkunftsfamilien, die sich im schlimmsten Fall durch das gesamte Eheleben ziehen – allerdings stürzten Konflikte mit Eltern und Schwiegereltern nur 7 % der von uns Befragten in eine ernsthafte Krise. Etwas häufiger genannt, vor allem von den Ehefrauen, wurde die Vernachlässigung durch den Partner, das Gefühl, sich auseinandergelebt zu haben, zu zweit und doch allein zu sein.

Und nicht zuletzt lösen außereheliche Affären so manche Krise aus. Die Ursache liegt dann in der Regel tiefer, denn einem Seitensprung gehen oft Schwierigkeiten und Reibereien in der Partnerschaft voraus. Der Sprung zurück in die Mitte der Beziehung erfordert harte Arbeit von beiden Partnern, da das Vertrauen nachhaltig erschüttert ist. Meist macht es Sinn, sich professionelle Hilfe von einem Eheberater oder Familientherapeuten zu holen, denn: Eine unzureichende und unbefriedigende Bewältigung des Fehltritts kann mindestens ebenso schwerwiegende Folgen für die Beziehung haben wie dieser selbst.

Zusammengenommen betrachtet, kommen die meisten Krisen also von außen. Seien es berufliche Schwierigkeiten, eine Erkrankung oder Konflikte mit den Kindern, rund 80 % aller Stressoren haben ihren Ursprung nicht innerhalb des Paares. Und das gilt für zufriedene Paare ebenso wie für unzufriedene.

Natürlich ist solch eine Rückschau auf die Beziehung, wie unsere Interviewpartner sie anstellten, niemals objektiv, sie hängt vielmehr von der gegenwärtigen Situation und Stimmung ab. Wer derzeit in der Krise steckt, wird möglicherweise auch die Vergangenheit weniger positiv bewerten. Schließlich ist das negative Umdeuten und »Umschreiben« der Beziehungsgeschichte ein Kennzeichen unzufriedener Partnerschaften. Und selbst die Jahreszeit bleibt nicht ohne Auswirkung: Im Frühjahr und Sommer wird die Partnerschaft und das Leben insgesamt oft günstiger beurteilt als im Winter. Eine Schönfärberei derzeit sehr zufriedener Paare konnten wir allerdings nicht feststellen. Vielmehr nannten Paare mit einer sehr positiven Sicht auf ihre Beziehung und hoher Konfliktkompetenz sogar besonders viele Tiefpunkte, die ihr Beziehungsglück jedoch aufgrund ihrer guten Bewältigungsmöglichkeiten nicht dauerhaft gefährden konnten. Und damit sind wir bei den Wegen aus der Krise.

Investment und Zusammenhalt – wie Krisen bewältigt werden

All die von den Befragten genannten Krisen erschütterten deren Ehe zwar, konnten die Partner jedoch nicht trennen. Die Eheleute scheinen demnach gute Bewältigungsstrategien an der Hand zu haben, und auch danach haben wir gefragt. 23 % gaben an, verstärkt in die Partnerschaft investiert zu haben, um das Tief zu überwinden. Das heißt, sie nahmen sich mehr Zeit füreinander, versuchten, den anderen zu unterstützen und stellten eigene Bedürfnisse zurück. So konnten sie verhindern, dass der Stress ihr Zusammengehörigkeitsgefühl unterminierte (vgl. Kapitel 4). Die Männer von Erika und Anna, die kurz nach der Geburt ihres Kindes eine schwere Zeit durchmachten, taten gut daran, ihren jungen Ehefrauen bei der Versorgung des Nachwuchses unter die Arme zu greifen und dafür auf den gemeinsamen Abend mit den Arbeitskollegen zu verzichten. Und Steffen gab dank seiner Frau die Hoffnung nie auf: »Ich war schwer krank, ich hatte Krebs. Meine Frau hat sich hervorragend verhalten, hat sich zu der Krankheit gestellt und mich unterstützt. Sie hat gesagt, es wird wieder gut. Und so war es dann auch.«

Steffen und Irma hielten zusammen, und so meisterten auch viele andere Paare ihre Krise. Sie kämpften sich gemeinsam durch und arbeiteten miteinander – egal, ob an der Beziehung oder ganz konkret am Eigenheim: »Was da geholfen hat? Zusammen Sand schaufeln, zusammen abreißen, zusammen Beton machen, zusammen mauern, das hat geholfen …«, zumindest bei Simon und Ursula. Nicht jeder baut gleich ein Haus, auch andere gemeinsame Unternehmungen können dazu beitragen, eine schwierige Zeit zu überwinden: ein Ausflug, ein Abendessen, ein Kinobesuch oder ein langer Spaziergang zu zweit.

»Und dann haben wir angefangen zu reden«

Auf einem Spaziergang redet es sich oft besonders gut. Und so erfüllt er in doppeltem Sinne einen wichtigen Zweck: Man unternimmt etwas Schönes zu zweit und findet Zeit, sich auszutauschen. Miteinander sprechen, die Probleme diskutieren und Kompromisse finden nannte jeder sechste unserer Eheleute als gutes Mittel zur Krisenbewältigung. Für Theresa war das anfangs nicht selbstverständlich: »Früher hat man nicht so miteinander geredet wie heute. Das kannte man gar nicht. Ich war so erzogen, dass man als Frau seinem Mann mehr oder weniger gehorchen muss. Irgendwann haben wir herausgefunden, dass wir uns eigentlich sehr gerne haben, aber irgendwas stimmte nicht.

Und dann haben wir angefangen zu reden.« Dank der Fülle von Beziehungsratgebern und Trainingsprogrammen, die sich vorwiegend der Kommunikation widmen, sind junge Paare heute besser vorbereitet. Und auch wir haben in Kapitel 4 wichtige Informationen und Übungen für Sie zusammengestellt. Übrigens wählten Personen, die sich selbst eine hohe Konfliktkompetenz zuschrieben, vor allen Dingen Kommunikation als Mittel zur Krisenbewältigung, während weniger Streiterprobte versuchten, das Eheglück durch verstärkte Investition in die Beziehung wiederherzustellen.

Ungefähr jeder zwölfte Befragte suchte eine medizinische Behandlung, Psychotherapie oder Beratung auf, sei es alleine oder gemeinsam als Paar bzw. Familie. Hilfe kam auch aus dem sozialen Umfeld, durch Freunde, Eltern oder Schwiegereltern, Kinder oder Enkel. Und einige Paare fanden Halt im Glauben, in Gebeten und der Gewissheit, dass auch schwierige Phasen mit Gottes Hilfe vorübergehen werden.

Aussitzen und sich arrangieren – gefährliche Bewältigungsstrategien

Bisweilen hilft einfach die Zeit. Sicherlich heilt sie nicht alle Wunden, doch manches Leid verblasst im Laufe der Jahre. Wer einen lieben Menschen verloren hat, braucht beispielsweise eine gewisse Trauerphase. Liegt der Krisenherd dagegen innerhalb der Partnerschaft selbst, kann es gefährlich sein, die Schwierigkeiten einfach aussitzen zu wollen. Zwar sind sie nach einiger Zeit vielleicht kein Thema mehr, dies kann sich jedoch rasch ändern, wenn neuerliche Reibereien die nicht richtig verheilte Wunde wieder offenlegen. Zeit geben und sich arrangieren nannten jeweils rund 7 % der von uns befragten Eheleute, vergleichsweise wenige also.

Wenn die Methode der Wahl lautet, sich »damit zu arrangieren«, ist dies ähnlich kritisch zu bewerten. Ohne eine gewisse Flexibilität kann kaum eine Beziehung überdauern, doch es kommt auf die Emotionen an, die das neue Arrangement begleiten. Sind beide Partner zufrieden, weil sie das Gefühl haben, sie können mit der veränderten Situation wirklich gut leben? Oder stecken Frustration und Resignation dahinter: Es ist halt so, man muss sich wohl damit abfinden. Hintergrund ist in letzterem Falle oft eine geringe Konfliktkompetenz, die eine offensive Auseinandersetzung mit den Problemen verhindert.

Die Höhepunkte im Beziehungsleben

Dass eine gut bewältigte Krise Ausgangspunkt für einen Höhenflug der Gefühle sein kann, zeigt unsere Befragung zu den Höhepunkten in der gemeinsamen Beziehungsgeschichte. Fast ein Drittel aller Männer und Frauen nannten ihre Kinder als solche. Dass sie gesund sind, sich gut entwickeln, gut aussehen und erfolgreich sind – und das, wo doch die ersten Jahre mit dem Nachwuchs oft als besonders schwere Zeit empfunden worden waren. Jan hingegen schätzt sowohl die Anfangszeit mit den Kindern als auch die Phase des »leeren Nests«: »Die Geburt meiner zwei Kinder, das war beide Male ein Erlebnis. Die Natur, wie das funktioniert, alles dran. Selbst ich, ein Maschinenbauer, Ingenieur, könnte es nicht besser konstruieren. Wenn es ein Techniker konstruiert, es würde nicht funktionieren, gell? Das nächste Hocherlebnis war, als die Kinder erwachsen waren. Lange standen nur die Kinder im Mittelpunkt und dann hat man wieder mehr Zeit für sich selber.«

Auch der Hausbau hat seine Licht- und Schattenseiten, sagte doch mehr als ein Viertel der Befragten, derlei gemeinsame Unternehmungen und Projekte und das, was sie gemeinsam bewältigt hätten, habe sie zusammengeschweißt und ihrer Beziehung eine besonders positive Note verliehen. Allerdings in der Regel erst, nachdem die vier Wände standen und man die Früchte der harten Arbeit genießen konnte.

Jeder Siebte sah die glücklichsten Zeiten seiner Ehe durch eine große Zufriedenheit mit seinem gesamten Leben gekennzeichnet, so zum Beispiel Georg: »Ich habe mich in der Familie wohlgefühlt. Mit den Kindern, mit der Heirat. Es hat einfach alles gut gepasst.« Da sind dann oft Gefühle der Liebe und des Verliebtseins mit im Spiel. Für immerhin jeden Zehnten zeichneten sich die Höhepunkte zudem dadurch aus, dass die Partner viel Zeit füreinander hatten. Seltener brachten günstige Rahmenbedingungen wie beruflicher Erfolg das Ehepaar in einen Höhenflug – wenngleich solcher die allgemeine Stimmung heben und eine grundlegende Zufriedenheit, wie eben beschrieben, stärken kann.

Die Glückslinie der Partnerschaft

Wir baten die Ehepartner in unserer Studie, ihren Beziehungsverlauf in Form einer »Wohlbefindens-Lebenslinie« aufzumalen. Das heißt, Mann und Frau zeichneten jeder für sich nach, wie sich ihr Beziehungsglück im Laufe der Jahre entwickelt hatte – mit den entsprechenden Ausreißern nach oben und unten, den Höhe- und Tiefpunkten eben.

Vorgegeben war lediglich ein einfaches Raster, wie Sie es im Folgenden finden. Vielleicht haben Sie und Ihr Partner Lust, einmal getrennt voneinander Ihre Glückslinie zu zeichnen. Überlegen Sie, wie wohl Sie sich in den einzelnen Phasen Ihrer Beziehung fühlten und tragen Sie die entsprechenden Punkte ein. Der Wert 0 % bedeutet dabei, dass Sie sich ganz und gar nicht wohl fühlten, der Wert 100 %, dass es Ihnen sehr gut in Ihrer Partnerschaft ging. Wenn es größere Ausreißer nach oben oder unten gab, schreiben Sie die Ereignisse dazu, die diese Höhe- bzw. Tiefpunkte Ihrer Meinung nach auslösten. Setzen Sie die Linie auch in die Zukunft fort, zeichnen Sie also über die aktuelle Dauer Ihrer Beziehung hinaus weiter, wie sich Ihre Beziehung wohl in nächster Zeit entwickeln wird.

✎ Test

Test für Sie:
Wohlbefinden in der Partnerschaft

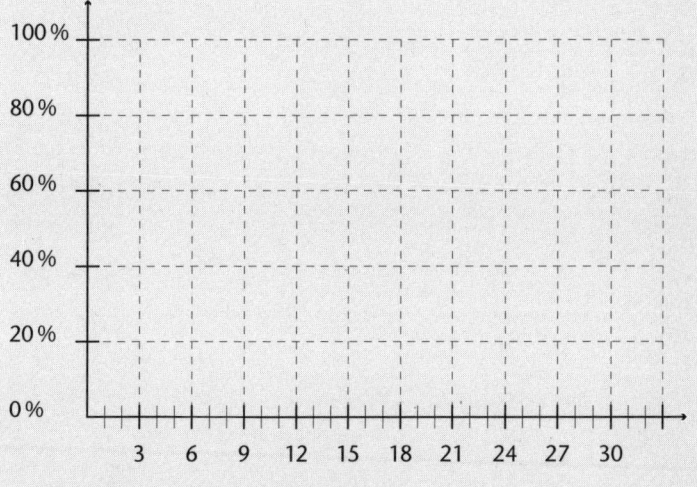

Dauer der Beziehung in Jahren

Test für Ihn:
Wohlbefinden in der Partnerschaft

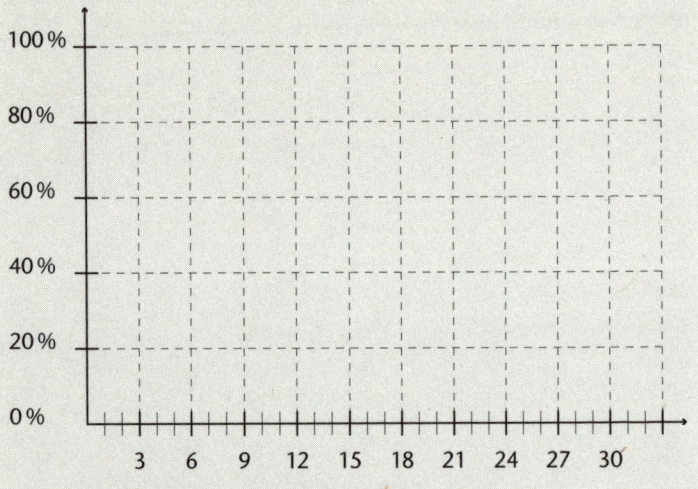

Dauer der Beziehung in Jahren

Bei der Befragung erhielten wir auf diese Weise eine Vielzahl von Bildern, die sich zu verschiedenen Mustern zusammenfassen ließen. Fast 40 % beschrieben ihre Zufriedenheit auf gleichbleibend hohem Niveau oder auf hohem Niveau mit kleinen Einbrüchen. Sie zeichneten also eine waagrechte oder leicht wellige Linie im oberen Bereich der Skala. Jeder Vierte erlebte zumindest einen schweren Einbruch, zeichnete also eine Art Eiszapfen oder – bei mehreren Tiefpunkten – eine Art EKG-Kurve. Die Zufriedenheit brach zwar deutlich ein, stieg dann jedoch wieder auf das Ausgangsniveau. Bei knapp 10 % dauerte eine der Krisen mehrere Jahre an, sie malten also eine Wanne. Und bei ebenso vielen erreichte die Zufriedenheitslinie nach dem Einbruch nicht mehr ihr Ausgangsniveau, das heißt, die Krise konnte nicht zufriedenstellend überwunden werden und hinterließ bleibende Narben. Auf einem absteigenden Ast ohne größere Höhe- und Tiefpunkte befand sich lediglich jeder Zwanzigste und malte folglich einen Schrägstrich nach unten. In die andere Richtung, also stetig nach oben, ging es für 10 %.

Zusammenfassend zeichneten 85 % der Befragten einen positiven Trend, das heißt, sie glaubten auch für die Zukunft, dass ihr Beziehungsglück andauert, wenn nicht gar steigt. 15 % hingegen blickten pessimistisch auf die kommenden Jahre. Dabei gab es keine Unterschiede zwischen den Geschlechtern. Allerdings zeichneten Frauen mehr »Dellen« als Männer, sie nahmen also häufiger Krisen wahr.

Bei Frauen wirkte sich ein Verlauf mit mehreren krisenhaften Zufriedenheitseinbrüchen besonders negativ auf die aktuelle Beziehungswahrnehmung und Konfliktbewältigungskompetenz aus, bei Männern eine Krise, die die Beziehung nachhaltig beeinträchtigte, so dass sich danach nicht mehr das ursprüngliche Wohlbefinden einstellen konnte. Im positiven Sinne stachen Paare heraus, die ihr Wohlbefinden auf gleichbleibend hohem Niveau beschrieben. Sie sind besonders glücklich in ihrer Partnerschaft und streiten besonders konstruktiv.

Nun könnte man erwarten, dass sich die Beziehungsbilder, die beide Partner getrennt voneinander zeichneten, ähnelten. Doch das war nur teilweise der Fall: Bei jedem dritten Paar stellten beide ihr Wohlbefinden übereinstimmend als auf hohem Niveau gleichbleibend oder krisenhaft dar. Alle anderen Muster unterschieden sich zum Teil deutlich: Ein Partner nahm Einbrüche wahr, der andere nicht, einer sah die Entwicklung insgesamt positiv, der andere negativ usw.

Besonders stark gingen die Urteile derjenigen Paare auseinander, die über niedrige Positivität und zugleich niedrige Konfliktkompetenz verfügten und die, wie schon in Kapitel 3 beschrieben, in vergleichsweise vielen Bereichen ihrer Partnerschaft über Schwierigkeiten klagten. Generell sahen diejenigen Paare, die ihren Beziehungsverlauf ähnlich beschrieben, ihre Ehe deutlich positiver als diejenigen, die dies nicht taten. Vermutlich auch, weil sie sich stärker mit den Krisen auseinandergesetzt hatten. So zeigt sich einmal mehr, dass nicht das Auftreten schwieriger Situationen per se das gemeinsame Glück gefährdet, sondern es vielmehr darauf ankommt, die Krise (übereinstimmend) zu erkennen und konstruktiv zu bewältigen.

▨ Das Wichtigste auf einen Blick

- Kaum eine Partnerschaft bleibt von Krisen verschont. Auch an und für sich positive Ereignisse wie die Geburt eines Kindes können eine Krise auslösen. Wie die Partner durch eine schwierige Phase gehen, hängt entscheidend von der Bewertung der auslösenden Ereignisse ab und von den Bewältigungsstrategien und Ressourcen, über die die Partner verfügen.
- Vielen Paaren gelingt es, eine Krise zu meistern, indem sie sich verstärkt auf die Beziehung konzentrieren. Sie investieren Zeit und Energie und stärken so das Gefühl der Zusammengehörigkeit. Auch sich gemeinsam durchzukämpfen und darüber zu reden wird von vielen als Strategie benannt.
- Mit Vorsicht sind Bewältigungsversuche zu genießen, die allein auf die Zeit setzen. Denn auch wenn Gras darüber gewachsen ist, brechen alte Verletzungen in einer neuen Krisensituation rasch wieder auf. Sich mit der Situation zu arrangieren kann nur dann gutgehen, wenn wirklich eine für beide Partner zufriedenstellende Lösung erreicht wurde.
- Was anfangs schwierig war, geht später oft als Höhepunkt in die Be-

ziehungsgeschichte ein. So speist sich das Beziehungsglück der von uns Befragten in hohem Maße aus der Freude am Nachwuchs – ist dieser erst einmal aus dem Gröbsten heraus. Auch gemeinsame Unternehmungen und Projekte werden als stabilisierend erlebt.

– Die meisten Paare sahen einen positiven Trend in ihrer Beziehungsentwicklung. Sie malten ihre Glückslinie auf gleichbleibend hohem Niveau oder ansteigend – wenn auch oft mit einigen Einbrüchen.

– Zwei Drittel aller Paare unterschieden sich in ihrer Einschätzung des Beziehungsverlaufes. Besonders wenig Ähnlichkeit wiesen diejenigen Paare auf, die ihre Beziehung aktuell negativ wahrnahmen. Es ist davon auszugehen, dass in diesem Fall mindestens einer der Partner die Tiefpunkte nicht ausreichend bewältigt hat – vielleicht auch, weil er sie nicht als solche erkennen und anerkennen konnte oder wollte.

▪ Was Sie als Paar mitnehmen können

– *Sind wir auf einer Linie?* Setzen Sie sich zusammen und tauschen Sie sich über Ihre Glückslinien aus. Sind sie sich ähnlich oder nicht? Hätten Sie bei Ihrem Partner ein ganz anderes Muster erwartet? Auch wenn Sie den Beziehungsverlauf unterschiedlich sehen, heißt das nicht, dass in Ihrer Beziehung etwas nicht stimmt. Doch es kann interessant sein, gemeinsam herauszufinden, warum dieselben Ereignisse so unterschiedlich bewertet werden.

– *Was wir gemeinsam geschafft haben!* Machen Sie sich bewusst, wie es Ihnen gelungen ist, die schwierigen Phasen Ihrer Partnerschaft zu meistern. Was haben Sie getan? Was hat Ihr Partner getan? Was können Sie für zukünftige Krisen mitnehmen? Und: Klopfen Sie sich auf die Schulter für diese Leistung!

– *Da ging es uns richtig gut!* Was waren die Höhepunkte in Ihrer Beziehung? Was davon dauert vielleicht noch an, an welche Erfahrungen könnten Sie wieder anknüpfen? Wie haben Sie beide sich verhalten in dieser glücklichen Zeit? Wer genau weiß, was er braucht, damit es ihm gutgeht, tut sich leichter, seine Bedürfnisse entsprechend einzufordern.

– *Was die Zeit wohl bringen wird …* Nehmen Sie dieses Buch in einigen Jahren wieder zur Hand und malen Sie eine neue Glückslinie. Dabei werden Sie vielleicht merken, wie sehr die Beurteilung der Vergangenheit von der momentanen Stimmung abhängt. Der Seitensprung vor drei Jahren kann heute fast vergessen sein – oder aber sehr bedrohlich, weil Sie glauben, dass er sich gerade wiederholt.

– *Überprüfen Sie Ihre Zukunftserwartungen.* Heute haben Sie aufgezeichnet, wie sich Ihre Beziehungszufriedenheit vermutlich entwickeln wird. Wenn Sie diese Seite später wieder aufschlagen, sehen Sie, ob sich Ihre Vorhersage bestätigt hat. Hilfreich ist, wenn Sie Ihre Erwartungen konkretisieren, also beispielsweise einen erwarteten Anstieg Ihres Wohlergehens an Ereignissen festmachen: »Ich muss weniger arbeiten«, »die Kinder sind älter«, »mein Partner arbeitet nicht mehr unter der Woche in einer fremden Stadt« etc. So können Sie im Nachhinein eher feststellen, woran es liegen könnte, wenn Ihre Erwartungen nicht erfüllt wurden.

9 Die Kinder sind flügge, die Eltern glücklich
Die Lebensabschnitte einer Familie

»Die Ehe ist ein Buch, bei dem das erste Kapitel in Poesie geschrieben ist und die übrigen in Prosa.«
Beverley Nichols

Im Flitterjahr nach der Hochzeit ist alles eitel Sonnenschein, dann zieht der Alltag ein. In diesen Worten steckt wohl ein Körnchen Wahrheit, denn in der Tat beschreiben einige Forscher die Ehezufriedenheit als Kurve: Sie startet auf hohem Niveau, um dann abzufallen und in der Pubertät der in die Ehe geborenen Kinder ihren Tiefpunkt zu finden. Reinste Prosa also, doch in den letzten Kapiteln wird es wieder poetisch: Wenn die Kinder erwachsen sind, steigt die Zufriedenheit oft wieder. Das zeigte sich auch in unserer Befragung. Andererseits zeichnete ein guter Teil der Ehepaare eine Glückslinie auf hohem Niveau – doch dies ist zum Teil auch der Tatsache geschuldet, dass die Einschätzung im Rückblick erfolgte. Wer zehn Jahre später auf seine Zeit mit pubertierenden Kindern zurückblickt, beurteilt diese oft als weniger belastend als derjenige, der mitten im Er- und Beziehungskonflikt steckt.

Es scheint also bei vielen Paaren eine »Durststrecke« im Beziehungsglück zu geben. Und das hängt mit den Aufgaben zusammen, die das Paar zu bewältigen hat. So wie die beteiligten Individuen hat auch eine Partnerschaft ihren Lebenslauf, bei Familien spricht man vom »Familienlebenszyklus«. In den einzelnen Phasen müssen die Mitglieder bestimmte Herausforderungen meistern, sogenannte Entwicklungsaufgaben. Es ist also ähnlich wie bei einem Kind, das erst krabbeln lernt, dann laufen, dann sprechen, das lernen muss, sich von Mama und Papa zu entfernen und die Welt zu entdecken, sich selbst zu beruhigen und seine Gefühle in den Griff zu bekommen. Ein jedes zu seiner Zeit.

Am Beispiel von Sabine und Klaus stellen wir im Folgenden die prototypischen Phasen einer Familie vor. Spezielle Familienformen stellen darüber hinaus weitere Anforderungen. So geht es in den sogenannten Patchworkfamilien, in denen Partner mit Kindern aus vorangegangenen Beziehungen aufeinandertreffen, vor allem darum, jedem Familienmitglied seinen Platz zu verschaffen – auch den leiblichen Elternteilen, die nicht mit im Haushalt leben. Und für alle Paare, egal wie und mit wem sie leben, kommen unvorhersehbare Entwicklungsaufgaben hinzu. So kann beispielsweise die Behinderung eines Kindes oder die Arbeitslosigkeit eines Partners die Familie in eine schwere Krise stürzen und ganz neue Anforderungen an die Mitglieder stellen.

Die Anfangsphase im Lebenslauf der Familie

Zu Beginn ihrer Partnerschaft müssen sich Klaus und Sabine erst einmal »zusammenraufen«, das heißt sie müssen lernen, miteinander zu leben und ihren Alltag aufeinander abzustimmen. Es gilt zu regeln, wer die Spülmaschine einräumt und wer das Auto putzt, wer den Rasen mäht und wer den Boden saugt. Gemeinsam schmieden die beiden Pläne für die Zukunft, ob mit oder ohne Kinder, und überlegen, wie sie sich finanziell absichern können. Es gilt, das noch junge Glück zu festigen, so dass Nebenbuhler keine Chance haben. Dabei tut der Beziehung einen guten Dienst, wer den eigenen Partner durch eine rosarote Brille sieht und sich so selbst in seiner Partnerwahl bestätigt – das wissen wir bereits aus Kapitel 5.

Zwei Jahre später finden Klaus und Sabine, dass es an der Zeit ist zu heiraten. Sie feiern ein großes Fest mit ihren Freunden und Verwandten, und einige Monate später kündigt sich Nachwuchs an. Die werdenden Eltern sind überglücklich, doch es gilt vieles vorzubereiten – eine neue Entwicklungsaufgabe ist zu bewältigen. Beide überlegen, wie sie sich die Kinderbetreuung aufteilen und einigen sich darauf, dass Sabine im ersten Jahr zu Hause bleibt. Sie machen einen Kassensturz und kommen zu dem Ergebnis, dass sie auch mit nur einem Einkommen genug Geld haben, sich eine Drei-Zimmer-Wohnung mit einem kleinen Garten zu mieten.

Wenn der »Baby-Honeymoon« vergeht …

Der kleine Moritz wird geboren und stellt die Geduld seiner Eltern auf eine harte Probe: Er will viel getragen werden und schläft am liebsten an Mamas Busen ein. Sabine und Klaus sind rund um die Uhr gefordert, doch sie müssen lernen, sich auch Zeit für sich zu bewahren und vor allem für die Partnerschaft. Bei den meisten Paaren sinkt die Zufriedenheit nach der Geburt eines Kindes, die Anspannung steigt, Konflikte häufen sich, für Sexualität bleibt kaum Zeit. Kino, Theater, Ausgehen zu zweit? Das war einmal! Doch wer dagegen nicht angeht, für den gibt es möglicherweise ein böses Erwachen. Familientherapeuten beobachten einige Jahre nach der Geburt eines Kindes viele Krisen und Trennungen. Denn dann ist der »Baby-Honeymoon« vorbei, sozusagen das nachgeburtliche Poesiekapitel. Das Paar kehrt langsam zum Alltag zurück und stellt nun fest, wie sehr es sich auseinandergelebt hat.

Klaus und Sabine wollen dem entgegenwirken und suchen sich, als Moritz ein dreiviertel Jahr alt ist, eine Babysitterin. So können sie zweimal im Monat einen Abend gemeinsam verbringen. Dann sitzen sie oft beim Italiener und reden – über Moritz. Denn es ist gar nicht einfach, bei einem anderen Gesprächsthema zu bleiben, gibt es doch so viel zu regeln rund um den Sprössling. Und auch zu diskutieren: Klaus will ihm endlich den Schnuller abgewöhnen, Sabine findet, er sei dazu noch zu klein. Sabine möchte, dass Moritz langsam aus dem Ehebett auszieht, doch Klaus findet das sehr gemütlich und praktisch so. Zudem fordert Sabine mehr Unterstützung von Klaus, der verstärkt an seiner Karriere arbeitet.

Für Frauen mit kleinen Kindern sind vor allem die Haushaltspflichten Stein des Anstoßes. Die jungen Mütter sehen ihre Ansprüche in diesem Bereich in hohem Maße als verletzt an (vgl. Kapitel 6). Ein Ergebnis, das nicht verwundert, denn die Forschung zeigt, dass die Umstellung auf das traditionelle Hausfrauen- und Mutterdasein heute vielen jungen Frauen schwerfällt. Sie vermissen ihren Beruf, die Kontakte zu den Arbeitskollegen, das eigene Einkommen. Obschon sich einiges in Kindererziehung und Kinderbetreuung verändert hat, sind Hausmänner noch immer eine Seltenheit. Und Frauen, die ihre Kinder ganztags in fremde Hände geben, um bald nach der Geburt wieder an ihren Schreibtisch zurückzukehren, werden von ihrer Umwelt nicht eben darin bestärkt: »Wenn sie eh nie zuhause ist, warum schafft sie sich dann Kinder an …« Dabei zeigt die Forschung, dass es eher eine Frage der Qualität als der Quantität der gemeinsam verbrachten Zeit ist, ob die Beziehung zwischen Mutter und Kind gelingt.

Als Moritz größer wird, verändern sich die Themen: Wie lange darf er aufbleiben? Bekommt er noch ein Gummibärchen? Darf er mit dem Tretauto über den Parkettboden fahren? Und so weiter und so fort. Oft sind Klaus und Sabine verschiedener Meinung, doch sie müssen lernen, eine gemeinsame Linie zu entwickeln, eine »Elternallianz« zu bilden. Wie gut ein Paar in Erziehungsfragen kooperiert, wie einig sich beide sind, ist zum einen für die Zufriedenheit der beiden mit ihrer Familie und Partnerschaft wichtig – das zeigte sich auch in unserer Studie – und zum anderen für die Entwicklung des Kindes. Es bekommt dann und nur dann klare Grenzen aufgezeigt und lernt diese zu respektieren.

Die Pubertät als Krisenzeit

Moritz wächst heran, kommt in den Kindergarten und schließlich in die Schule. Klaus arbeitet Vollzeit, Sabine 25 Stunden pro Woche, um noch für den Sohn dasein zu können. Doch dieser ist zunehmend genervt, dass seine Mama »ihm ständig hinterherspioniert«, er will seine Ruhe und geht lieber mit seinen Freunden ins Schwimmbad als mit seinen Eltern – er ist in der Pubertät. Neben der Phase mit Kleinkindern ist dies die wohl anstrengendste Phase im Familienlebenszyklus. Moritz muss sich orientieren, sich abgrenzen und seine Identität entwickeln, und er muss mit seinen Stimmungsschwankungen klarkommen. Klaus und Sabine müssen lernen loszulassen und sich in ihrem Verhalten auf den Entwicklungsstand ihres Sohnes einzustellen – und auf seine Launen und seine Abwehr. Viele Eltern kommen zu dem Schluss: »Kleine Kinder, kleine Sorgen, große Kinder, große Sorgen«, denn nun geht es um Schule und Ausbildung, um den »richtigen« Freundeskreis, um Zigaretten, Alkohol oder gar Drogen.

Die Pubertät ist eine Krisenzeit für das gesamte Familiensystem. So bilden Paare mit Kindern im Jugendalter in vielen Punkten den negativen Gegenpol zu Paaren im »leeren Nest«: Männer wie Frauen mit Kindern zwischen 12 und 20 Jahren beurteilen ihre Ehe weniger positiv als Paare, deren Kinder bereits das Haus verlassen haben. Sie sind auch weniger zufrieden mit der Situation in der Familie, also mit dem Zusammenhalt, dem Spaß und der Fähigkeit der Mitglieder, Stress und Konflikte zu bewältigen. Die Aufteilung von Aufgaben in Haushalt und Kindererziehung empfinden sie häufiger als ungerecht. Entsprechend geringer ist ihr emotionales Wohlbefinden, das heißt, sie fühlen sich häufiger gedrückt und angespannt.

Hinzu kommt die Sorge um die Tochter, die spät nach Hause kommt, um den Sohn, der auf seinem Moped viel zu schnell durchs Land fährt. Viele Jugendliche verschließen sich vor ihren Eltern – beunruhigend für Mutter und Vater, die doch bislang glaubten, das Vertrauen ihres Kindes zu genießen und Bescheid zu wissen, was in ihm vorgeht. Entsprechend werden die Beziehungen zu den Kindern in dieser Lebensphase als stärker belastend und weniger bereichernd eingestuft als beispielsweise in der Zeit, in der die Kinder noch klein sind.

Paare mit Kindern im Schul- und Jugendalter sind auch mit der Verteilung ihrer zeitlichen Ressourcen vergleichsweise unzufrieden. Viele wünschen sich mehr Zeit für sich alleine und die Partnerschaft und haben das Gefühl, Anforderungen in Haushalt und Beruf sowie familiäre Probleme machten dies unmöglich.

Auch Klaus und Sabine erleben diese Zeit als Härtetest, sie haben viele Auseinandersetzungen und möchten manches Mal am liebsten den Partner samt Sohn vor die Tür setzen. Doch mit der Zeit kehrt wieder Ruhe ein, Moritz sucht sich eine Ausbildungsstelle und zieht aus der elterlichen Wohnung aus. Die nächste Lebensphase beginnt. Das elterliche Nest ist leer.

Das »leere Nest«: Rückbesinnung auf die Partnerschaft

Nun zeigt sich, ob Klaus und Sabine es geschafft haben, ihre Paarbeziehung durch den Familienalltag zu retten. Manche Paare erleben einen zweiten Frühling, sie reisen durch die Welt und genießen die neue Freiheit. Andere stehen vor einem Scherbenhaufen und stellen fest, dass sie sich kaum mehr etwas zu sagen haben, wenn das Thema Kindererziehung in den Hintergrund gerät. Andererseits ist ein Konfliktherd weitgehend ausgeschaltet, denn über die Kinder streiten jüngere Paare am meisten.

Mutter wie Vater müssen sich nun auch in der Beziehung zu ihrem erwachsenen Kind neu orientieren: Wie oft besucht wer wen, wie oft ruft man sich an, waschen die Eltern noch die Wäsche und betanken das Auto? Moritz bringt eines Tages Julia mit nach Hause und stellt sie den Eltern bald als seine Verlobte vor. So lautet die nächste Aufgabe, Julia in die Familie zu integrieren und zu erkennen, dass Moritz nun wirklich flügge geworden ist und auf dem besten Wege, seine eigene Familie zu gründen.

Klaus und Sabine gehen in den Ruhestand und die letzte Phase im Familienlebenszyklus beginnt. Nun haben beide auf einmal den ganzen Tag Zeit, müssen sich daran gewöhnen, sich neue Aufgaben suchen – was vielen gut gelingt: Paare im »leeren Nest« sind im Durchschnitt sehr zufrieden mit der Verteilung ihrer zeitlichen Ressourcen. Ihnen bleibt mehr Zeit für Unternehmungen alleine und zu zweit, und mit dem Eintritt in den Ruhestand bekommen die Hobbys endlich den gewünschten Platz. Auch Paare mit erwachsenen Kindern, die noch zu Hause leben, hatten in unserer Untersuchung bereits weniger Veränderungswünsche bezüglich ihrer zeitlichen Ressourcen.

Neuere psychologische Theorien gehen davon aus, dass die Bedeutung der Liebesbeziehung – und enger sozialer Beziehungen überhaupt – mit dem Alter steigt. Während zuvor vor allem der Erwerb von Wissen und (beruflichen) Fertigkeiten im Vordergrund steht, konzentrieren sich ältere Personen zunehmend auf den emotionalen Bereich. Zum einen, weil sie schon viel Wissen angehäuft haben, zum anderen, weil ihnen vor dem Hintergrund einer begrenzten Lebenserwartung die Pflege ihrer Beziehungen wichtiger erscheint. Insgesamt werden die Entwicklungsaufgaben mit zunehmendem Alter nicht weniger und auch nicht einfacher. Schließlich geht es um die Auseinandersetzung mit Krankheit und Gebrechlichkeit und die Vorbereitung auf den nahenden Tod. Doch diesen Herausforderungen stehen eine ganze Menge Fähigkeiten und Ressourcen gegenüber – die Früchte eines langen, ereignisreichen Lebens.

Klaus und Sabine erleben auch die Schattenseiten des Alters. Sie müssen so manche Krankheit überstehen, Sabines Eltern werden pflegebedürftig. Nach Klaus' erstem Schlaganfall ist er wochenlang im Krankenhaus und Sabine meistert den Alltag alleine. Und dann wird Anna geboren, die Tochter von Moritz und Julia – und ein neuer Familienlebenszyklus beginnt.

Für Paare ohne Kinder sieht dieser Lebenslauf freilich etwas anders aus. Oft hat der Beruf einen höheren Stellenwert, so dass der Übergang in den Ruhestand zur besonderen Herausforderung wird. Und während die Altersgenossen sich mit ihren Enkeln beschäftigen, können und müssen sich diese Paare auch an ihrem Lebensabend anderweitig Anregung suchen.

Die Wohnung und das liebe Geld

Selbst das Wohnumfeld wurde in unserer Studie von älteren Paaren positiver beurteilt. Das kann zum einen damit zusammenhängen, dass sich diese Paare tatsächlich im Laufe der Jahre eine Bleibe geschaffen haben, die ihren Ansprüchen gerecht wird. Oder aber, dass sie sich einfach an das Haus oder die Wohnung gewöhnt und sich mit mancher Einschränkung abgefunden haben. Hinzu kommt, dass mehr Platz für das Paar zur Verfügung steht, sind die Kinder ausgezogen. Gerade Familien mit Jugendlichen empfinden ihre Wohnsituation häufig als beengt, da nun auch die Kinder verstärkt ihre Rückzugsräume brauchen und einfordern. Die Eltern wiederum würden vor den unüberhörbaren Klängen der Stereoanlage am liebsten in ein anderes Stockwerk – wenn nicht gar Haus – flüchten.

Geldsorgen fanden sich bei den von uns befragten Paaren im »leeren Nest« ebenfalls wenige. Sie zeigten sich zufriedener mit ihrer finanziellen Situation als Paare in allen anderen Phasen des Familienlebenszyklus. Vielleicht, weil sie sich eine gute berufliche Position mit der entsprechenden Honorierung erarbeitet hatten, vielleicht, weil sie eine Erbschaft gemacht hatten. Vielleicht, weil die Kinder weniger materielle Unterstützung benötigten. Oder aber schlicht und ergreifend, weil sie gelernt hatten, mit dem Geld auszukommen, das sie haben.

Der Glaube an das Entwicklungspotential der Partnerschaft wächst

Paare, die bereits lange Jahre verheiratet sind, glauben stärker an die Wachstumsmöglichkeiten einer Beziehung als jung verheiratete Paare. Vor allem Paare im »leeren Nest« sehen Beziehungen als Wachstum – so wie in Kapitel 5 beschrieben. Jedoch nicht nur: Sie glauben zugleich an die Schicksalhaftigkeit von Partnerschaften, also daran, dass eine gute Passung der Partner zu Beginn der Beziehung wichtig ist.

Dass lange Verheiratete auf das Entwicklungspotential von Partnerschaften vertrauen, ist nahe liegend. Sie haben zwangsläufig so manche Krise gemeinsam gemeistert und sind daher zuversichtlicher, auch zukünftige Herausforderungen bewältigen zu können. Warum aber sehen sie Beziehungen stärker als Schicksal als dies Paare mit jüngeren Kindern tun? Dafür gibt es mehrere mögliche Erklärungen: Zum einen könnte es eine Art Generationeneffekt sein. Das würde bedeuten, dass junge Leute heutzutage generell weniger an die Schicksalhaftigkeit von Beziehungen glauben. Vor dem Hintergrund familiensoziologischer Theorien, die davon ausgehen, dass die Erwartungen an den Partner und die Partnerschaft immer mehr steigen, ja überhöht werden, scheint das jedoch wenig wahrscheinlich. Denn diesen Ansätzen zufolge werden Partnerschaften immer rascher aufgelöst, sollte sich der Partner nicht als der ideale erweisen – getreu dem Motto: Was nicht ist, kann nicht mehr werden.

Die andere Erklärung ist, dass eine positive Bewertung der eigenen Partnerschaft insgesamt die Theorien über Beziehungen beeinflusst. Paare im »leeren Nest« sind im Durchschnitt zufriedener als Paare mit kleinen Kindern oder Jugendlichen. Sie gehen also von ihrer jetzigen Situation aus, denken sich: »Mit meinem Partner, das passt«, schließen daraus auf die Vergangenheit: »Er war einfach von Anfang an der Richtige« und leiten ab: »Es ist gut, wenn beide Partner von Anfang an gut zueinander passen«. Bei Paaren in stärker mit Konflikten beladenen Phasen des Familienlebenszyklus sieht diese Argumentationskette dagegen vielleicht so aus: »Gerade ist es anstrengend und wir haben oft Reibereien. Aber wir werden einen Weg finden, damit umzugehen und wieder zufriedener zu werden.« Diese Partner haben momentan vielleicht nicht das Gefühl, wirklich füreinander geschaffen zu sein, und richten ihren Blick daher lieber auf die Entwicklungsmöglichkeiten von Beziehungen.

Steigende Ansprüche mit steigendem Alter

Paare im »leeren Nest« stellen zudem hohe Ansprüche an ihre Beziehung – mit all den in Kapitel 6 beschriebenen positiven Folgen für die Stressbewältigung und die Kommunikation. Männer wie Frauen fordern von sich selbst und ihrem Partner in hohem Maße Gemeinsamkeit, Gleichberechtigung und Investition. Und sie sehen ihre Ansprüche auch in den meisten Fällen als erfüllt an – so zumindest in unserer Befragung.

Besonders deutlich sind die Unterschiede einmal mehr zu Paaren mit Kindern im Jugendalter, deren ohnehin schon geringere Ansprüche häufiger verletzt werden. Konflikte mit den Kindern beeinträchtigen die Paarbeziehung, und so wundert es nicht, dass vergleichsweise viele Eltern Jugendlicher eine hohe Konfliktkompetenz bei niedriger Positivität aufweisen. Das heißt, sie sind gezwungen und oft auch fähig, konstruktiv mit Konflikten umzugehen, aber relativ wenig zufrieden mit der aktuellen Beziehungsqualität. Paare im »leeren Nest« zeichnen sich dagegen häufig durch eine sehr positive Wahrnehmung der Partnerschaft und zugleich gute Konfliktkompetenzen aus.

Paare ohne Kinder haben übrigens vergleichsweise hohe Ansprüche. Unterschiede zu Familien mit Kindern ergeben sich vor allem im beruflichen Bereich und bei der Aufgabenteilung im Haushalt. Das hat sicherlich mit der Lebensweise der Kinderlosen zu tun: In der Regel sind beide Partner voll berufstätig. Ähnliche Wertvorstellungen, Gleichberechtigung und gegenseitige Unterstützung in Bezug auf das Arbeitsleben spielen daher eine größere Rolle. Dies gilt auch für die Aufgabenteilung im Haushalt, wo häufig eine stärkere Verteilung auf beide Partner eingefordert wird.

▥ Das Wichtigste auf einen Blick

- Der »Lebenslauf« einer Familie unterteilt sich in verschiedene Phasen: Die Anfangsphase, die Phase mit kleinen Kindern, mit Schulkindern, mit Jugendlichen und die Phase im »leeren Nest«, wenn alle Kinder den elterlichen Haushalt verlassen haben.
- In jeder dieser Phasen stehen bestimmte Entwicklungsaufgaben an, die die Partner bewältigen müssen. Hinzu kommen weitere nicht vorhersehbare Aufgaben, wie sie zum Beispiel durch Schicksalsschläge oder Krankheiten, durch Wohnort- oder Berufswechsel entstehen können.
- Bei Paaren mit kleinen Kindern führt oft die Aufgabenteilung im Haushalt zu Reibereien.
- Die Pubertät erschüttert das Familien- und das Paarsystem: Paare mit Kindern im Jugendalter sehen ihre Paarbeziehung und Familie weniger positiv als Paare mit jüngeren Kindern und vor allem als Paare im »leeren Nest«. Sie fühlen sich angespannter und wünschen sich mehr Zeit für sich und die Partnerschaft.
- Paare im »leeren Nest« sind im Durchschnitt sehr zufrieden mit ihrem Leben. Sie fordern viel von ihrer Partnerschaft, sehen diese Ansprüche aber auch großteils als erfüllt an.
- Was die in Kapitel 3 vorgestellte Paartypologie anbelangt, finden sich unter den Paaren im »leeren Nest« viele mit hoher Positivität und Konfliktkompetenz. Bei Paaren mit Jugendlichen hingegen ist die wahrgenommene Beziehungsqualität häufiger gering ausgeprägt, bei zugleich hoher Fähigkeit, Konflikte konstruktiv beizulegen.
- Gerade ältere Paare glauben an die Entwicklungsmöglichkeiten einer Beziehung. Zugleich halten sie die richtige Passung der Partner von Anfang an für wichtig. Sie gehören also häufig zu den Optimie-

rern, die glauben, aus einer guten Ausgangslage durch beständige Beziehungsarbeit noch mehr machen zu können (vgl. Kapitel 5).

Was Sie als Paar mitnehmen können

- *Lassen Sie Ihre Paar- und Familiengeschichte Revue passieren*: Im vorangegangenen Kapitel haben Sie Ihre »Beziehungs-Glückslinie« gezeichnet und dabei festgehalten, welche Phasen besonders schwierig waren und welche besonders schön. Nehmen Sie Ihre Zeichnung noch einmal zur Hand und schauen Sie sich an, welche Aufgaben Sie bereits gemeinsam gemeistert haben. Was erwarten Sie sich zukünftig an Aufgaben und Herausforderungen? So schreiben Sie Ihren ganz persönlichen Familienlebenslauf.
- *Verzweifeln Sie nicht*, wenn Sie das Gefühl haben, Ihre Partnerschaft leidet z. B. unter den Schwierigkeiten mit den Kindern. Wie Sie sehen, ist das ganz normal, vor allem wenn die Kinder klein sind oder sich in der Pubertät befinden. Aber unternehmen Sie auch etwas, um Ihre Partnerschaft zu festigen. Das ist nicht immer leicht zu organisieren, doch so können Sie verhindern, dass Sie statt als Mann und Frau nur mehr als Eltern zusammenleben.
- *Lernen Sie vom »leeren Nest«*. Nicht umsonst spricht man von der »Weisheit des Alters«. Dabei geht es oft gar nicht so sehr um Inhalte – denn Erziehungsvorstellungen ändern sich im Laufe der Zeit –, sondern vor allem um die Gelassenheit, die viele Menschen im Laufe ihres Lebens erwerben. Gepaart mit einer angemessenen Portion Dankbarkeit für das, was man im Leben erreicht und bekommen hat, ist sie die beste Grundlage für ein zufriedenes Leben.

10 Am Anfang war die Familie ...
Welchen Einfluss die Familie und das soziale Umfeld auf das Beziehungsglück nehmen

> »Als Gott am sechsten Schöpfungstag
> alles ansah, was er gemacht hatte,
> war zwar alles gut, aber dafür
> war auch die Familie noch nicht da.«
> Kurt Tucholsky

Die Erfahrungen aus der Herkunftsfamilie nehmen Einfluss auf unseren weiteren Lebensweg, wie in den vorangegangenen Kapiteln bereits deutlich wurde. Denkmuster und Verhaltensweisen sind auch durch das geprägt, was uns Eltern und Geschwister sowie weitere wichtige Personen in unserer Kindheit und Jugend vorlebten. Das Kind harmoniesüchtiger Eltern hat keine Vorbilder, wie man sich aktiv mit Konflikten auseinandersetzt, das Kind aggressiver Streithähne erfährt wenig über konstruktive Krisenbewältigung.

Wie wir von den Eltern lernen

Lerntheorien gehen davon aus, dass wir auf mehrere Arten lernen: durch direkte Erfahrung im Austausch mit anderen Personen oder Gruppen, durch Assoziationen und indem wir uns etwas abschauen. Modelle in letzterem Fall sind insbesondere enge Bezugspersonen, seien es Eltern oder Freunde, oder auch Vorbilder, beispielsweise ein verständnisvoller Schullehrer oder ein berühmter Popstar. Letzterer wird in der Werbung gerne für das Assoziationslernen eingesetzt. Durch die Verknüpfung mit einer bekannten und beliebten Person soll deren positive Ausstrahlung gleichsam auf das Produkt abfärben.

Beim Lernen durch Erfahrung wird vor allem das geübt und verfestigt, was positive Reaktionen bringt bzw. hilft, negative Reaktionen zu vermeiden. Ein Baby lächelt, weil es merkt, dass seine Eltern ihm dann Zuwendung schenken. Ein Kind hört auf zu schreien, um der angedrohten Auszeit im Kinderzimmer zu entgehen. Unterlassen wird also, was negative Reaktionen, also Strafen, bringt bzw. positive Reaktionen verhindert, wie beispielsweise das ersehnte Eisessen mit Oma und Opa.

Auf die Lerntheorie bauen viele therapeutische Techniken auf, und man kann sich Verhalten auch im Erwachsenenalter oft besser erklären, wenn man eine Art Kosten-Nutzen-Analyse betreibt. Frauen, die bei ihren Männern bleiben, obwohl diese sie schlagen, sind ein trauriges Beispiel: Der Preis, den sie zahlen, ist hoch, doch sie fürchten die Gewalt weniger als die Einsamkeit, die sie erwartet, wenn sie den Partner verlassen. Die Versöhnung nach dem Streit und die Zuwendung, die der Partner ihnen bis zur nächsten Auseinandersetzung schenkt, schüren diese Angst noch. Negative Zuwendung scheint manches Mal immer noch besser als gar keine Aufmerksamkeit – und das kennen wir wiederum gut von kleinen Kindern, die beispielsweise aus Eifersucht auf ein Geschwisterchen so lange die Eltern nerven, bis diese ernsthaft böse werden. Zwar bekommt das Kind dann kaum liebe Worte zu hören, aber immerhin kümmern sich die Eltern zwangsläufig um den Störenfried und nicht mehr um sein Geschwister.

Eine sichere Bindung gibt Urvertrauen

Ein Kind lernt dabei nicht nur aus einzelnen positiven oder negativen Erfahrungen, sondern auch aus den Beziehungen an sich. Ob es sich aufgehoben und geliebt fühlt, nur geduldet oder gar abgelehnt, stellt die Weichen für das spätere Leben. Bindungsforscher sagen, dass frühe Beziehungserfahrungen verinnerlicht werden und uns ein Leben lang prägen, gleichsam von der Wiege bis zur Bahre. Schon in den ersten Lebensjahren werden solche inneren Modelle gebildet. Sie enthalten Erinnerungen mit den sie begleitenden Gefühlen, Überzeugungen, Erwartungen, Zielen und Strategien, die sich nach und nach verfestigen und Teil der Persönlichkeit werden.

So kann ein Kind das Gefühl bekommen, es wird um seiner

selbst willen geliebt oder nur, wenn es brav ist und gute Leistungen bringt. Es kann feine Antennen für die Stimmung anderer Personen entwickeln, da Zuwendung abhängig ist von der Laune der Eltern. Es kann lernen, Gefühle zu benennen, da sie im Elternhaus angesprochen werden. Oder es kann sein Innenleben als Gefühlschaos empfinden, da es eben nie erfahren hat, wie man Gefühle voneinander unterscheiden und einordnen kann.

Voraussetzung für eine sichere und gelungene Bindung zwischen Eltern und Kind ist ein feinfühliges Verhalten der Bezugsperson. Das bedeutet, dass die Signale, die das Kind sendet, von Mutter oder Vater rasch aufgenommen, richtig gedeutet und angemessen erwidert werden: Dass die Mutter also erkennt, wenn das Kind Hunger hat, dass der Vater mit dem Baby schmust, wenn es das möchte, ihm aber auch seine Ruhe lässt, wenn es sich abwendet. Bindungsforscher können schon bei Ein- bis Zweijährigen feststellen, ob diese eine sichere oder unsichere Bindung entwickelt haben, wenn sie sie in einer Trennungssituation beobachten, in der die Kinder mit einer fremden Person alleine gelassen werden. Ein sicher gebundenes Kind zeigt seinen Kummer, wenn die Mutter geht, und freut sich, wenn sie wiederkommt. Es lässt sich von der Mutter beruhigen und beschäftigt sich in ihrer Anwesenheit mit dem dargebotenen Spielzeug. Die Mutter reagiert ihrerseits auf die Signale des Kindes, tröstet es und geht auf seine Gefühle ein.

Ist die Bindung hingegen vermeidend, scheint das Kind unbeeindruckt davon, ob die Mutter im Raum ist oder nicht. Es steht durchaus unter Stress, bemüht sich jedoch, diese Belastung nicht zu zeigen. Mutter und Kind verhalten sich eher abweisend und kühl und meiden körperliche Berührungen. Das Kind schützt sich so vor der Zurückweisung durch die Mutter, die umso mehr schmerzt, je stärker es ihre Nähe wünscht und sucht.

Kinder mit einer ängstlich-ambivalenten Bindung protestieren hingegen stark gegen die Trennung von der Mutter, teils mit ängstlichem Verhalten, teils mit wütendem. Die Mütter dieser Kinder zeigen wenig einfühlsames und wechselhaftes Fürsorgeverhalten, sie sind entweder aufdringlich und überfürsorglich oder reagieren überhaupt nicht auf die kindlichen Signale. Deshalb haben die Kinder gelernt, dass sie sich auf den Schutz durch die Bezugsperson nicht verlassen können. Kommt die Mutter zurück, verhalten sie sich ambivalent: Einerseits suchen sie ihre Nähe, andererseits reagieren sie abweisend, wenn die Mutter ihrerseits Kontakt mit ihnen aufnehmen will.

Selbiges gilt in allen Fällen in ähnlicher Weise für die Beziehung zum Vater, doch nach wie vor ist in den meisten Fällen die Mutter die primäre Bezugsperson für das Kind in seinen ersten Lebensjahren.

Bedeutsamkeit der Beziehungsgeschichte

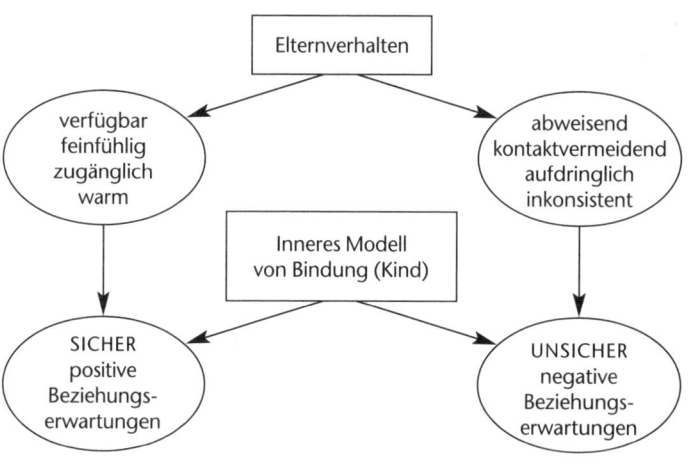

Ein Kind, das eine gute und sichere Bindung zu seinen Eltern aufgebaut hat, hat also das Gefühl, sich auf diese verlassen zu können und entwickelt entsprechend positive Beziehungserwartungen. Es weiß, dass die Eltern ihm Trost spenden, es vor Gefahren schützen, ihm Nähe und Zuwendung geben. Sie sind der schützende Hafen für das Kind, wodurch es ihm möglich wird, die Welt kennenzulernen. Denn nur wer über eine sichere Basis verfügt, kann ausziehen, um Neues zu erkunden.

Alte Muster und neue Erfahrungen

Diese inneren Modelle von Bindung und Beziehung bleiben natürlich nicht unverändert. Neue Beziehungen bringen neue Erfahrungen mit sich, die allerdings durch die alten Muster beeinflusst werden. Ein unsicher gebundenes Kind wird später mit
höherer Wahrscheinlichkeit problematische Beziehungen erleben als ein sicher gebundenes. Andererseits können positive Erfahrungen in späteren Beziehungen auch eine heilsame Wirkung
haben und ein Stück von dem Urvertrauen vermitteln, das das
Kind nicht aufbauen konnte.

Auch Erwachsene suchen in ihren Beziehungen schlussend-
lich nach Nähe, Sicherheit, Rückhalt und sind unglücklich über
Trennungen. Im Gegensatz zur Eltern-Kind-Beziehung ist das
Verhalten jedoch wechselseitig, das heißt, jeder Partner sucht
einerseits Schutz und gewährt ihn andererseits auch. Hinzu
kommt die sexuelle Beziehung. Dennoch lassen sich wie schon
im Kindesalter verschiedene Bindungsmodelle unterscheiden.
Personen mit sicherer Bindung fällt es demnach leicht, anderen
nahe zu sein; sie können sich auf andere verlassen und haben
keine Angst, allein zu sein oder nicht akzeptiert zu werden. Ver-
meidende Personen fühlen sich hingegen unwohl, wenn ihnen
andere zu nahe kommen und können schwer ertragen, von jemand anderem abhängig zu sein. Ängstlich-ambivalente Personen wünschen sich einerseits Nähe zu anderen, haben jedoch
zugleich Angst, diese könnten sie zurückweisen. Entsprechend
schwer fällt es ihnen, sich auf andere einzulassen und ihnen voll-
ständig zu vertrauen. Nur eine sichere Bindung schützt also vor
der Angst vor Trennung und ermöglicht große Nähe und Intimität.

Übrigens kann sich das Bindungsmodell einer Person nicht
nur verändern, er ist meist auch unterschiedlich je nach Art der
Beziehung. So kann die Bindung zum Partner als sicher beschrie-
ben werden, die zum Vater jedoch gleichzeitig als vermeidend.
Die inneren Beziehungsmodelle sind also abhängig von der
Situation und dem Gegenüber.

Wie Bindungen erlebt werden, scheint ein Stück weit über die
Generationen hinweg weitergegeben zu werden. So findet sich

bei Personen, die eine sichere Bindung zu ihren Eltern aufbauen konnten, häufiger auch eine sichere Bindung zum Partner. Das ist nicht schwer zu erklären, denn sicher gebundene Personen verfügen über eine Vielzahl von Beziehungsressourcen – und davon profitieren sowohl die späteren Partner als auch die eigenen Kinder. Die Forschergruppe um Deborah Cohn[9] konnte zeigen, dass die Qualität der Eltern-Kind-Beziehung stark davon abhängt, ob beide Elternteile aufgrund der Erfahrungen in ihrer Herkunftsfamilie eine unsichere oder sichere Bindung entwickelt haben.

Qualität der Eltern-Kind-Beziehung in Abhängigkeit vom Bindungsmodell der Partner

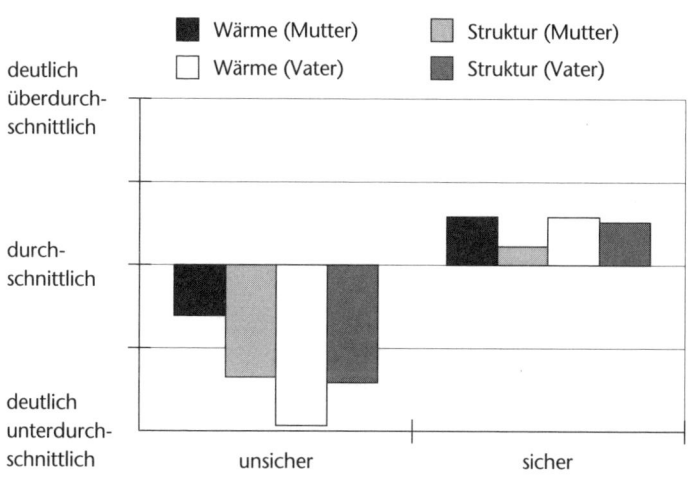

Auf der Basis von Daten aus Cohn, Cowan u. a. (1992)

Das Ausmaß an Wärme (d. h. an Zugewandtheit und positiven Emotionen gegenüber dem Kind) sowie an Struktur (d. h. Vermittlung von klaren Orientierungshinweisen und Regeln) ist bei unsicher gebundenen Müttern und Vätern unterdurchschnittlich ausgeprägt. Hingegen erzielen sicher gebundene Eltern in den beiden wichtigen Erziehungsmerkmalen Wärme und Struktur überdurchschnittliche Werte und schaffen damit wichtige Voraussetzungen für die Entwicklung einer sicheren Bindung auf Seiten ihrer Kinder.

Sichere Bindung ermöglicht glückliche Beziehungen

Sicher gebundene Partner haben es in der Paarbeziehung leichter. Sie erleben weniger Konflikte, lösen diese konstruktiver, zeigen weniger verbale Aggression und Rückzug und unterstützen sich gegenseitig stärker. Weiterhin haben sie mehr Vertrauen in ihren Partner, sind weniger eifersüchtig und stärker davon überzeugt, dass andere ihnen in schwierigen Situationen zu Hilfe kommen werden. Die Liebesbeziehungen sicher gebundener Partner sind entsprechend glücklicher und stabiler.

Qualität der Paarbeziehung in Abhängigkeit vom Bindungsmodell der Partner

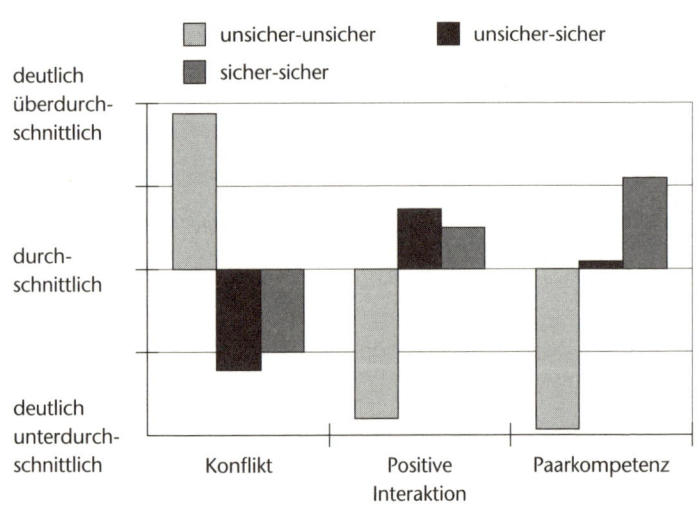

Auf der Basis von Daten aus Cohn, Silver u. a. (1992)

Wenn beide Partner aufgrund ihrer Kindheitserfahrungen ein unsicheres Bindungsmodell aufweisen, ist ihr Konfliktniveau deutlich überdurchschnittlich ausgeprägt, während ihr positives Interaktionsverhalten sowie ihre Paarkompetenz im Umgang mit Alltagsproblemen deutlich unter dem Durchschnitt liegen. Wenn beide Partner über eine hohe Bindungssicherheit verfügen, ergibt sich – wenngleich weniger markant – ein entgegengesetztes Bild: das Ausmaß an Konflikten ist niedrig, der positive Umgang miteinander überdurchschnittlich, die Paarkompetenz liegt im grünen Bereich. Interessanterweise findet sich ein ähnliches Muster auch für die Paare, bei denen wenigstens einer der Partner über ein sicheres Bindungsmodell verfügt. Es scheint somit, dass der sicher gebundene Partner gewissermaßen den Partner mit einem unsicheren Bindungsmodell »mitzieht«, wodurch insgesamt ein günstigeres Beziehungsklima entsteht.

✎ Test

Testen Sie Ihr Bindungserleben in Ihrer Partnerschaft.
Die ersten drei Aussagen beziehen sich auf die Sicherheit der
Bindung. Sie haben sie bereits in Kapitel 3 kennengelernt, denn
sie sind auch Bestandteil der wahrgenommenen Positivität der
Beziehung. Die folgenden drei Sätze beziehen sich dann auf die
Abhängigkeit bzw. Unabhängigkeit vom Partner.

Test für Sie:

① = stimmt überhaupt nicht   ④ = stimmt eher
② = stimmt eher nicht   ⑤ = stimmt voll und ganz
③ = teils/teils

1. Ich fühle mich von meinem Partner akzeptiert.

   ①   ②   ③   ④   ⑤

2. Ich kann mich gut auf meinen Partner verlassen.

   ①   ②   ③   ④   ⑤

3. Ich finde es einfach, meinem Partner gefühlsmäßig
   nahezukommen.

   ①   ②   ③   ④   ⑤

4. Damit ich etwas richtig genießen kann, muss mein
   Partner immer dabei sein.

   ①   ②   ③   ④   ⑤

5. Ich kann Probleme nur mit meinem Partner lösen.

   ①   ②   ③   ④   ⑤

6. Ich kann meinem Partner nie nahe genug sein.

   ①   ②   ③   ④   ⑤

Bewerten Sie bitte jede Aussage und bilden Sie folgende zwei Summenwerte:

Aussage 1–3: Summe _____ (Bindungssicherheit)

Aussage 4–6: Summe _____ (Abhängigkeit in der Bindung)

Test für Ihn:

① = stimmt überhaupt nicht   ④ = stimmt eher
② = stimmt eher nicht   ⑤ = stimmt voll und ganz
③ = teils/teils

1. Ich fühle mich von meiner Partnerin akzeptiert.

   ①   ②   ③   ④   ⑤

2. Ich kann mich gut auf meine Partnerin verlassen.

   ①   ②   ③   ④   ⑤

3. Ich finde es einfach, meiner Partnerin gefühlsmäßig nahezukommen.

   ①   ②   ③   ④   ⑤

4. Damit ich etwas richtig genießen kann, muss meine Partnerin immer dabei sein.

   ①   ②   ③   ④   ⑤

5. Ich kann Probleme nur mit meiner Partnerin lösen.

   ①   ②   ③   ④   ⑤

6. Ich kann meiner Partnerin nie nahe genug sein.

   ①   ②   ③   ④   ⑤

Bewerten Sie bitte jede Aussage und bilden Sie folgende zwei Summenwerte:
Aussage 1–3: Summe _____ (Bindungssicherheit)
Aussage 4–6: Summe _____ (Abhängigkeit in der Bindung)

(Test in Anlehnung an Asendorpf, 1997)[10]

▨ **Auswertung**

Bindungssicherheit
Eine sichere Bindung ist die Basis guter zwischenmenschlicher Beziehungen. Entsprechend ist es für Sie selbst und Ihre Partnerschaft von Vorteil, wenn die erste Summe hoch ausfällt. Sie sollten mindestens einen Wert von 11 erreichen, die von uns befragten Ehepartner lagen im Schnitt bei 13. Sollten Sie das Gefühl haben, sich derzeit nicht so gut auf Ihren Partner verlassen zu können, ist es wichtig, zunächst herauszufinden, woran Sie dies festmachen. Was genau tut er, das Sie glauben macht, er akzeptiere Sie nicht? Woran genau liegt es, dass es Ihnen an Vertrauen mangelt? Und: Was müsste Ihr Partner tun, damit sich dies ändert? Da eine Beziehung keine Einbahnstraße ist, sollten Sie sich immer auch selbst fragen: Was kann ich dazu beitragen, dass ich mehr Sicherheit in unserer Beziehung finde? Vielleicht haben Sie ein einschneidendes Erlebnis zu verkraften, zum Beispiel einen Vertrauensbruch. Anregungen zum Umgang mit Krisen finden Sie in Kapitel 8.

Abhängigkeit vs. Unabhängigkeit in der Beziehung
Bei der Abhängigkeit in der Beziehung gibt es eine Art goldene Mitte. Eine gewisse Unabhängigkeit sollten sich die Partner wahren. Wer seinen Partner für jeden Schritt seines Lebens braucht, wird schnell handlungsunfähig und möglicherweise seinem Partner auf die Nerven fallen. Andererseits ist es wichtig, Nähe zulassen zu können und nicht zu sehr auf seine Eigenständigkeit zu pochen. Die von uns befragten Männer und Frauen erreichten im Schnitt Summenwerte zwischen 9 und 10. Unter einem Wert von 7 bzw. ab einem Wert von 12 geraten Sie in die Extreme – mit den genannten Folgen. ▨

Die Auswirkungen der Persönlichkeit auf die Partnerschaft

Das Bindungsmodell steht darüber hinaus in Zusammenhang mit Persönlichkeitsmerkmalen. Im Vergleich zu Personen, die als Kinder am Ende des ersten Lebensjahres eine unsichere Bindung zeigten, haben sicher Gebundene später mehr Selbstvertrauen, sind emotional ausgeglichener, können sich besser an schulische

Anforderungen anpassen und verfügen über ein höheres Ausmaß an sozialer Kompetenz.

Diese Charaktereigenschaften nehmen ihrerseits wiederum Einfluss auf das Beziehungsglück. Besonders abträglich ist emotionale Labilität. Sie zeigt sich in Stimmungsschwankungen, fehlender Ausgeglichenheit und Gelassenheit, häufig auch in depressiven Verstimmungen und einer negativen Selbstsicht. Leicht vorstellbar, dass sie sich vor allem auf den Umgang mit dem Partner negativ auswirkt, auf die Kommunikation ebenso wie auf die Art der Konfliktbewältigung.

Hohes Einfühlungsvermögen, soziale Kompetenz und geringe Verletzbarkeit hingegen sichern die Zufriedenheit mit der Partnerschaft – es sind Merkmale der sogenannten »Beziehungspersönlichkeit«, die Eigenschaften zusammenfasst, die besonders im Zusammenleben mit anderen relevant sind. Fahndet man nach unterschiedlichen Mustern, so zeigt sich, dass es zwei gegensätzliche Typen gibt, die vereinfacht als positive bzw. negative Beziehungspersönlichkeit bezeichnet werden können.[11]

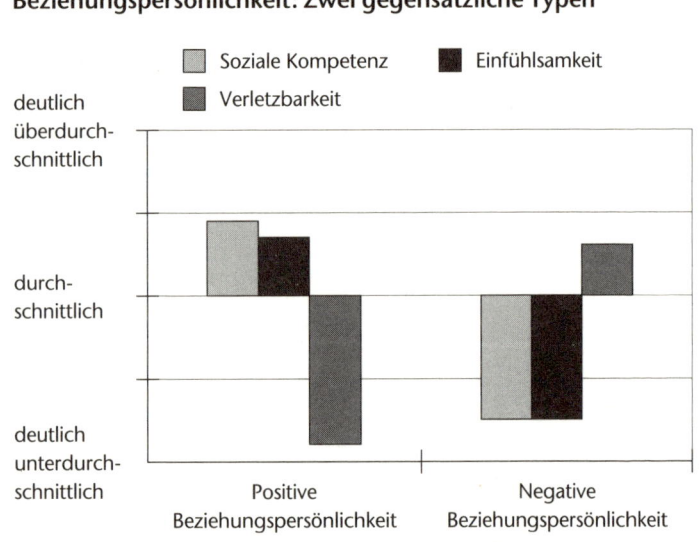

Beziehungspersönlichkeit: Zwei gegensätzliche Typen

Soziale Kompetenz Einfühlsamkeit

Verletzbarkeit

deutlich überdurchschnittlich

durchschnittlich

deutlich unterdurchschnittlich

Positive Beziehungspersönlichkeit

Negative Beziehungspersönlichkeit

Auf der Basis von Daten aus Schneewind & Gerhard (2002)

Eine positive Beziehungspersönlichkeit zeichnet sich demnach durch ein überdurchschnittlich hohes Maß an sozialer Kompetenz und Einfühlsamkeit bei gleichzeitig geringer Verletzbarkeit aus. Für die negative Beziehungspersönlichkeit gilt genau das Gegenteil.

Vor allem wenn beide Partner dem Typ mit positiver Beziehungspersönlichkeit zugehören, fällt die Zufriedenheit mit der Beziehung deutlich höher aus als bei dem Gegentyp. Mehr noch: Einfühlsame, sozial kompetente und wenig verletzbare Menschen gehen Konflikte konstruktiver an, was sich wiederum positiv auf die Zufriedenheit auswirkt. Dabei zeigt sich, dass die vermittelnde Rolle einer konstruktiven Konfliktbewältigung im Laufe der Zeit immer mehr an Bedeutung gewinnt.

Konfliktkompetenz als Mittler zwischen Beziehungspersönlichkeit und Ehezufriedenheit

Zu Beginn der Ehe:

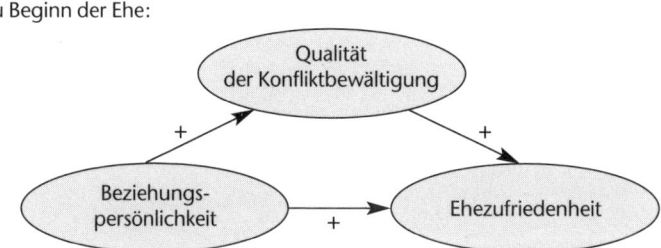

Nach 5 Jahren Ehe:

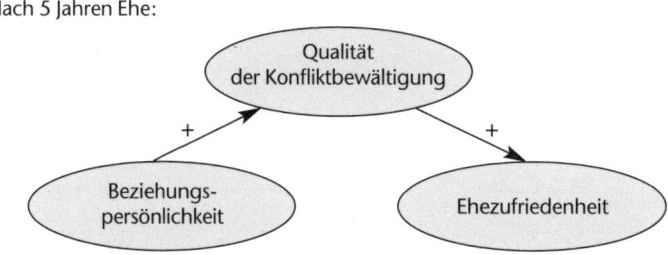

Auf der Basis von Daten aus Schneewind & Gerhard (2002)

Während sich die Beziehungspersönlichkeit zu Beginn der Ehe auch direkt auf die Ehezufriedenheit auswirkt, tendiert dieser Einfluss nach fünf Jahren Ehe gegen Null und verläuft nunmehr über den Umweg der Konfliktkompetenz der Partner. Folgende wichtige Erkenntnis lässt sich aus diesem Ergebnis ableiten: Da Persönlichkeitsmerkmale weniger leicht veränderbar sind als Formen der Konfliktregulation, sollten Paare an ihrer Konfliktkompetenz arbeiten – und das möglichst früh in ihrer Beziehung. Entsprechende Hinweise finden sich in Kapitel 4.

Noch deutlicher zeigten sich in unseren Untersuchungen die abträglichen Auswirkungen einer negativen Beziehungspersönlichkeit bei Paaren, die Eltern werden.

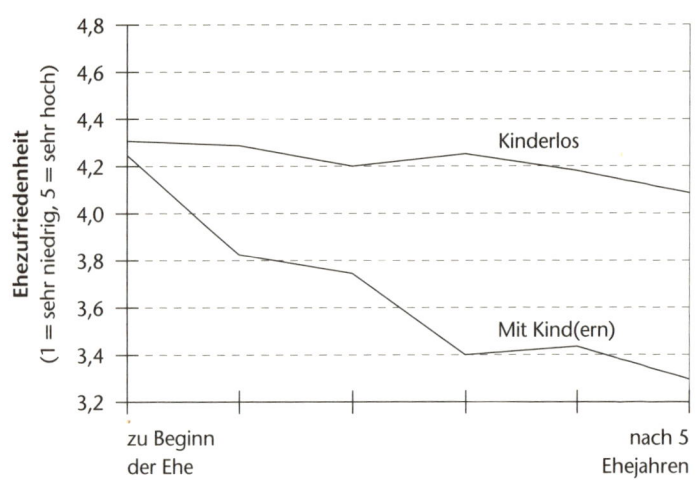

Entwicklung der Ehezufriedenheit bei Eltern und kinderlosen Paaren mit negativer Beziehungspersönlichkeit beider Partner

Anfangs liegen kinderlose Paare und Paare mit Kindern hinsichtlich ihrer Ehezufriedenheit nahe beieinander. Nach einem Jahr aber fällt für die Paare, die Eltern geworden sind, die Zufriedenheit mit ihrer Ehebeziehung drastisch ab. Hingegen verharren die kinderlosen Paare über die fünf Jahre hinweg in etwa auf dem gleichen Zufriedenheitsniveau. Eine positivere Entwicklung zeigt sich im Übrigen auch bei Paaren, bei denen beide Partner oder zumindest einer der Partner eine positive Beziehungspersönlichkeit haben.

Und was lernen wir daraus? Wenn die Beziehungspersönlichkeit im Argen liegt, werden Kinder zu einem Stressor für die Paarbeziehung. Die Binsenweisheit, dass Kinder sich nicht zur »Reparatur« von schwierigen Beziehungen eignen, findet also ihre Bestätigung. Das Fazit kann freilich nicht heißen, Partner mit einer eher negativen Beziehungspersönlichkeit davon abzubringen, Kinder in die Welt zu setzen. Man kann ihnen jedoch raten, etwas für ihre Beziehung zu tun, z. B. indem sie sich darum bemühen, ihre Konflikte auf eine konstruktive Weise auszutragen – denn schließlich kann der Einfluss einer negativen Beziehungspersönlichkeit auf die Zufriedenheit über den »Umweg« der Konfliktkompetenz gemindert werden.

Die Auswirkungen der Partnerschaft auf die Persönlichkeit

Natürlich wird umgekehrt auch die Persönlichkeit von der Partnerschaft beeinflusst, allerdings in vergleichsweise geringem Ausmaß. So sind junge Erwachsene, die in einer festen Beziehung leben, weniger neurotisch und schüchtern, zugleich extrovertierter, gewissenhafter und selbstbewusster als gleichaltrige Singles. Das liegt nicht etwa daran, dass es sich bei Letzteren um verschrobene Einzelgänger handelt, die nie einen Partner finden werden. Die Forschung zeigt vielmehr, dass sich die Persönlichkeitsmerkmale der Singles rasch zum Positiven verändern, wenn sie sich auf eine Bindung einlassen – selbst wenn diese nicht von Dauer ist. Eine Partnerschaft tut also dem Charakter gut – und auch dem Körper, denn Alleinlebende klagen häufiger über gesundheitliche Beschwerden und fühlen sich insgesamt weniger wohl.

Die Forschung bestätigt übrigens eher die Redensart »Gleich und gleich gesellt sich gern« als »Gegensätze ziehen sich an«. Partner ähneln sich vor allem in ihren Werten und Einstellungen, aber auch in ihrer Intelligenz und körperlichen Attraktivität. Bei Persönlichkeitsmerkmalen findet sich nur eine geringe Übereinstimmung – die von den Partnern allerdings systematisch überschätzt wird. Sie schätzen sich viel ähnlicher ein als sie tatsächlich sind, und das ist gut für das Liebesglück, denn wer glaubt, der andere denke und fühle wie er selbst, ist zufriedener. Scharfsinnig definierte der deutsche Philosoph Theodor W. Adorno folglich Liebe als »die Fähigkeit, Ähnliches an Unähnlichem wahrzunehmen«.

✎ Test

Testen Sie Ihre Beziehungspersönlichkeit: Wie erleben Sie sich in Beziehung zu anderen Menschen?

Test für Sie:

① = stimmt überhaupt nicht   ④ = stimmt eher
② = stimmt eher nicht   ⑤ = stimmt voll und ganz
③ = teils/teils

1. Im Allgemeinen habe ich ein großes Selbstvertrauen.

    ①   ②   ③   ④   ⑤

2. Im Allgemeinen kann ich auch schwierige Situationen in meinem Leben gut bewältigen.

    ①   ②   ③   ④   ⑤

3. Bei Meinungsverschiedenheiten bin ich in der Lage, meinen Standpunkt klar zu äußern.

    ①   ②   ③   ④   ⑤

4. Wenn ich Probleme habe, finde ich meistens einen Weg, sie zu lösen.

    ①   ②   ③   ④   ⑤

5. Ich interessiere mich für andere Menschen.

    ①   ②   ③   ④   ⑤

6. Im Allgemeinen gelingt es mir ganz gut, jemandem, der in einem »seelischen Tief« steckt, zu helfen.

① ② ③ ④ ⑤

7. Ich kann mich gut in andere hineinversetzen.

① ② ③ ④ ⑤

8. Was bei anderen Menschen innerlich vorgeht, ist mir selten »ein Buch mit sieben Siegeln«.

① ② ③ ④ ⑤

9. Wenn jemand meine Gefühle verletzt, kann ich das lange Zeit nicht vergessen.

① ② ③ ④ ⑤

10. Wenn jemand mich ungerecht behandelt hat, bin ich ziemlich nachtragend.

① ② ③ ④ ⑤

11. Ich bin schnell mürrisch und eingeschnappt, wenn man mich nicht meinen eigenen Weg gehen lässt.

① ② ③ ④ ⑤

12. Wenn ich in Wut gerate, rede ich oft unverschämt und gemein.

① ② ③ ④ ⑤

Bitte bewerten Sie jede einzelne Aussage und bilden Sie dann folgende drei Summenwerte:

Aussage 1–4:   Summe _____ (soziale Kompetenz)
Aussage 5–8:   Summe _____ (Einfühlungsvermögen)
Aussage 9–12: Summe _____ (Verletzbarkeit)

Test für Ihn:

① = stimmt überhaupt nicht   ④ = stimmt eher
② = stimmt eher nicht   ⑤ = stimmt voll und ganz
③ = teils/teils

1. Im Allgemeinen habe ich ein großes Selbstvertrauen.

   ①   ②   ③   ④   ⑤

2. Im Allgemeinen kann ich auch schwierige Situationen in meinem Leben gut bewältigen.

   ①   ②   ③   ④   ⑤

3. Bei Meinungsverschiedenheiten bin ich in der Lage, meinen Standpunkt klar zu äußern.

   ①   ②   ③   ④   ⑤

4. Wenn ich Probleme habe, finde ich meistens einen Weg, sie zu lösen.

   ①   ②   ③   ④   ⑤

5. Ich interessiere mich für andere Menschen.

   ①   ②   ③   ④   ⑤

6. Im Allgemeinen gelingt es mir ganz gut, jemandem, der in einem »seelischen Tief« steckt, zu helfen.

   ①   ②   ③   ④   ⑤

7. Ich kann mich gut in andere hineinversetzen.

   ①   ②   ③   ④   ⑤

8. Was bei anderen Menschen innerlich vorgeht, ist mir selten »ein Buch mit sieben Siegeln«.

① ② ③ ④ ⑤

9. Wenn jemand meine Gefühle verletzt, kann ich das lange Zeit nicht vergessen.

① ② ③ ④ ⑤

10. Wenn jemand mich ungerecht behandelt hat, bin ich ziemlich nachtragend.

① ② ③ ④ ⑤

11. Ich bin schnell mürrisch und eingeschnappt, wenn man mich nicht meinen eigenen Weg gehen lässt.

① ② ③ ④ ⑤

12. Wenn ich in Wut gerate, rede ich oft unverschämt und gemein.

① ② ③ ④ ⑤

Bitte bewerten Sie jede einzelne Aussage und bilden Sie dann folgende drei Summenwerte:

Aussage 1–4: Summe _____ (soziale Kompetenz)
Aussage 5–8: Summe _____ (Einfühlungsvermögen)
Aussage 9–12: Summe _____ (Verletzbarkeit)

(Test in Anlehnung an Vierzigmann, 1995)[12]

■ Auswertung

Soziale Kompetenz, Einfühlungsvermögen und geringe Verletzbarkeit sind Persönlichkeitsmerkmale, die sich in zwischenmenschlichen Beziehungen positiv auswirken.

Allgemeine soziale Kompetenz
Dahinter verbergen sich Ihr Selbstwertgefühl und Ihre Selbstbehauptung. Stehen Sie für Ihre Ideen ein, trauen Sie sich zu, schwierige Situationen zu bewältigen? Die von uns befragten Männer und Frauen lagen im Schnitt bei 15, mit Summenwerten zwischen 13 und 17 liegen Sie also im mittleren Bereich. Schwierig wird es, wenn Ihr Selbstvertrauen zu niedrig ist. Das wird oft zur Belastung für die Partnerschaft, da Sie zu sehr auf den Beistand Ihres Partners angewiesen sind. Vielleicht beschäftigen Sie sich noch einmal mit Kapitel 7 – und dabei insbesondere mit den Antworten Ihres Partners. Was mag er an Ihnen, und was mögen Sie an sich? Wo liegen Ihre Ressourcen? Die sind sicherlich zur Genüge vorhanden, Sie müssen sie nur (an)erkennen.

Einfühlungsvermögen
Interesse an anderen, der Wille, sie zu unterstützen und Empathie, also die Möglichkeit, sich in andere hineinzuversetzen und sie zu verstehen – all das ist etwas sehr Positives. Je höher Ihr Wert liegt, desto besser ist dies für Sie und vor allem auch für Ihren Partner. Im mittleren Bereich liegen Sie mit Werten zwischen 13 und 16.

Verletzbarkeit
Wer bei den letzten vier Aussagen des Tests hohe Werte erzielt, der neigt dazu, nachtragend zu sein und auch einmal aggressiv zu werden. Beides ist der Beziehung wenig zuträglich. Die von uns befragten Ehepartner lagen im Schnitt bei 12, das heißt, sie stimmten den Aussagen »teils/teils« zu. Wenn Ihre Verletzbarkeit höher ist, ist dies ein Warnsignal. Vielleicht haben Sie sehr schmerzhafte Erfahrungen gemacht, sodass es Ihnen nun schwerfällt zu verzeihen und zu vergessen. Zu wissen, worauf sich die eigene Verletzbarkeit gründet, kann helfen, sie abzubauen. Ein Gespräch mit einer Person, der Sie vertrauen, sei es ein guter Freund oder ein Mitarbeiter in einer Beratungsstelle, kann Sie darin unterstützen. ■

Der Einfluss des (familiären) Kontextes

Persönlichkeitsmerkmale sind ebenso wie das Bindungserleben familiär geprägt. Die Eltern geben genetische Anlagen weiter, die jedoch erst in der Wechselwirkung mit dem sozialen Umfeld in Erscheinung treten. Eine musikalische Veranlagung muss entdeckt und gefördert, der Ausbruch mancher angelegten psychischen Erkrankung kann durch förderliche Familienbeziehungen verhindert werden.

Prägend für das Kind ist der kulturelle Kontext, in dem es aufwächst. Denn er bestimmt nach wie vor weitgehend, welche Anregungen das Kind erhält und welche Möglichkeiten ihm offenstehen. Aller staatlichen Förderung zum Trotz beginnen weniger Kinder aus Arbeiterfamilien ein Studium, vielleicht auch, weil ihre Eltern häufig weniger Wert auf Bildung und Schulnoten legen. Zudem fehlen oftmals finanzielle Mittel, es erscheint attraktiver, nach dem Schulabschluss und der Lehre rasch Geld zu verdienen. Das beeinflusst die Partnerwahl, schließlich finden viele Menschen im Schul- und Berufsumfeld ihre Liebe fürs Leben, und Beziehungen haben eine bessere Prognose, wenn die Partner einen ähnlichen schulischen und ökonomischen Hintergrund haben (vgl. Kapitel 1).

Trennung und Scheidung der Eltern hinterlassen ebenfalls nachhaltige Spuren beim Nachwuchs: Jugendliche aus Scheidungsfamilien haben weniger Vertrauen in ihre Kompetenzen, eine glückliche Beziehung aufzubauen und aufrechtzuerhalten, ihre späteren Partnerschaften scheitern häufiger. Besonders negative Auswirkungen hat dabei eine frühe Trennung der Eltern, vielleicht, weil der Elternteil, der dann mit den Kleinkindern allein bleibt, eher überfordert ist, oder auch weil wenig Zeit blieb, enge Beziehungen zu Mutter und Vater aufzubauen. Die finanzielle Situation macht ebenfalls Kummer, denn Alleinerziehende haben häufig wenig Geld zur Verfügung. Allerdings: Dauerhafte Streitigkeiten in einer Partnerschaft, die nur den Kindern zuliebe aufrechterhalten wird, schaden den Kindern weitaus mehr als ein Schlussstrich. Vorausgesetzt, beide Eltern sind weiterhin für Sohn und Tochter da und geraten bei der Regelung des alltäglichen Umgangs nicht laufend aneinander.

Ein Freund, ein guter Freund …

Eltern und Verwandte sind freilich nicht die einzigen wichtigen Bezugspersonen. Schon im Kindesalter spielen Gleichaltrige eine wichtige Rolle, in der Jugend wird ihr Einfluss sehr stark. Enge und unterstützende Freundschaften können über schwierige Situationen hinweghelfen und die Ablösung vom Elternhaus erleichtern. Ihre Bedeutung verlieren sie auch im Erwachsenenalter nicht. Denn gerade, wenn der Haussegen schiefhängt, ist es gut, wenn man bei Freunden Hilfe und Rat suchen kann.

Immer wieder gibt es Untersuchungen, wie viele Freunde ein Erwachsener haben sollte, um ein glückliches Leben zu führen. Mal sind es fünf, mal zehn, mal zwölf – doch viel wichtiger als die Quantität ist sicherlich die Qualität der Beziehung: Auch zwei oder drei gute Freunde können ausreichen, wenn man sich auf sie wirklich verlassen und mit ihnen schwierige Themen besprechen kann. Oft sind diese zwei oder drei dann alte Freunde aus Schul- oder Studienzeiten. Sie bleiben, während andere kommen und gehen – mit jedem Umzug, mit jeder größeren Veränderung, denn der Single trifft einfach andere Leute als der Familienvater. Wie sehr sich der Freundes- und Bekanntenkreis wandelt, lässt sich feststellen, wenn man die Fotos oder Gästelisten vergangener Feste studiert. Würden Sie heute noch dieselben Leute einladen wie damals zu Ihrer Hochzeit oder zu einem anderen Fest vor einigen Jahren?

Ach du liebe Zeit!

Gefragt, was den Sinn ihres Lebens ausmache, nennen viele Menschen neben ihrer Familie und ihren Freunden ihren Beruf. Nicht umsonst ist eine der ersten Fragen, wenn wir eine Person neu kennenlernen: »Und was machen Sie beruflich?« Wir wenden nicht nur einen Großteil unserer Zeit für unsere Berufstätigkeit auf, sondern definieren uns auch über unsere Arbeit und Position. Entsprechend stark ist das Wohlergehen vieler Menschen mit ihrer beruflichen Zufriedenheit verknüpft. Dauerstress im Job, ein ständig nörgelnder Chef oder eine längere Phase der

Arbeitslosigkeit sind eine Belastungsprobe für die Partnerschaft – und eine Herausforderung an die gemeinsamen Fähigkeiten zur Stressbewältigung, wie in Kapitel 4 beschrieben.

Oft schwappen negative Ereignisse und Gefühle vom Berufs- auf das Beziehungsleben über, andererseits kann eine gut funktionierende Partnerschaft ein Ausgleich sein, wenn man es schafft, den Arbeitsalltag gleichsam mit dem Mantel an der Garderobe abzulegen. Dies jedoch ist leichter gesagt als getan, denn gerade junge Menschen sollen heute allzeit für den Chef erreichbar und flexibel sein. So laufen viele Beziehungen auf Distanz: Der eine ist von Montag bis Freitag in Berlin, der andere in London. Das kann gut funktionieren, wird aber spätestens dann anstrengend, wenn ein Kind geboren wird. Doch oft bleibt keine Wahl, selbst wenn man wie Wilhelm Busch der Meinung ist: »Und die Liebe per Distanz, kurz gesagt, missfällt mir ganz.«

Trotz aller Bemühungen um Gleichstellung verdienen Männer selbst mit gleicher Qualifikation nach wie vor mehr als Frauen, und in den meisten Fällen arbeiten sie auch nach der Familiengründung Vollzeit weiter. Und die Mütter? Sie führen ein erfolgreiches kleines Familienunternehmen – so die schlagfertige Antwort einer jungen Hausfrau und Mutter auf die eingangs genannte Frage »Und was machen Sie beruflich?« in einem Werbespot. Lange Zeit hielt sich hartnäckig das Gerücht, dass sich Kinder berufstätiger Mütter schlechter entwickeln. Das ist mittlerweile widerlegt, sofern die Mutter nicht überlastet und unzufrieden mit ihrer Arbeit ist. Interessanterweise haben Forscher herausgefunden, dass erwerbstätige Frauen mit Kindern bei Schwierigkeiten am Arbeitsplatz weniger psychisch unter Druck stehen als ihre kinderlosen Kolleginnen – vielleicht, weil Ärgernisse und Misserfolge im Beruf durch ein halbwegs glückliches Familienleben ausgeglichen werden können, und man somit nicht gleich an all seinen Fähigkeiten zweifeln muss. Die Hausarbeit allerdings bleibt in aller Regel weitgehend an der Frau hängen, egal, ob und wie viel diese arbeitet.

Was fehlt, ist folglich oft die Zeit, die die Frauen für sich selbst haben, das bestätigte sich auch in unserer Studie. Befragt, wie zufrieden sie mit der Zeit sind, die ihnen für verschiedene Lebensbereiche zur Verfügung steht, wünschten sich vollzeiterwerbstätige Väter, deren Kinder noch im Haushalt wohnten, mehr Zeit mit ihrer Familie und ihrer Partnerin, vollzeiterwerbstätige Frauen hingegen vor allen Dingen mehr Zeit für sich. Besonders deutlich waren die Unterschiede zwischen Vollzeit arbeitenden und nicht erwerbstätigen Müttern, Letztere waren insgesamt zufriedener mit ihrer Zeitaufteilung und fühlten sich folglich auch wohler mit ihrem Leben. Hingegen waren sich Frauen, die lediglich Teilzeit arbeiten, und Frauen, die nicht arbeiten, in ihrer Einschätzung sehr ähnlich.

Vollzeit erwerbstätig zu sein und (kleine) Kinder zu versorgen, geht für die Mütter also auf Kosten der eigenen Person, für die Väter auf Kosten der Familie und der Partnerschaft. Abhilfe kann dabei teilweise externe Unterstützung schaffen, seien es eine Haushaltshilfe, eine Putzfrau oder einfach Freunde und Verwandte, die ab und an die Kinder beschäftigen und dem Paar Zeit zu zweit oder der Mutter die ersehnte Zeit für sich verschaffen. Und für die Kinder gilt: Eine Stunde, die man gerne und entspannt mit den Kindern verbringt, ist mehr wert als zwei Stunden, die man mühsam abknapst und die überschattet sind von Aufgaben, die eigentlich noch zu erledigen wären.

▨ Das Wichtigste auf einen Blick

– Wir werden auf dreierlei Weise von unseren Eltern beeinflusst: Durch die Gene, durch das, was sie uns vorleben und durch Erfahrungen, die wir mit ihnen machen. Lernen am Modell und in der Auseinandersetzung ist natürlich auch mit anderen wichtigen Personen möglich. Beibehalten wird in der Regel, was positive Konsequenzen erwarten lässt, unterlassen, was negative Folgen nach sich zieht.

– Babys, deren enge Bezugspersonen einfühlsam reagieren und auf ihre Bedürfnisse eingehen, können eine sichere Bindung entwickeln. Sie haben das Vertrauen, Schutz und Trost zu finden und können auf dieser Basis die Welt erobern. Das Bindungsmodell wirkt bis ins Erwachsenenalter fort, es kann aber durch spätere Einflüsse verändert werden. Besonders glücklich und kompetent in ihren Partnerschaften sind Personen mit einer sicheren Bindung.

- Persönlichkeitsmerkmale beeinflussen die Partnerschaft und werden umgekehrt von dieser beeinflusst. Besonders negativ wirken sich Launenhaftigkeit und Verletzbarkeit aus, positiv hingegen soziale Kompetenz und Einfühlungsvermögen.
- Unterstützung kommt in der Regel nicht nur vom Partner, sondern auch von Verwandten, Freunden und Nachbarn. Es muss nicht immer die große Clique sein, wichtig sind einige enge Freunde, auf die gerade in schwierigen Zeiten Verlass ist.
- Vollzeiterwerbstätige Eltern sind mit ihrem Zeitmanagement oft unzufrieden. Die Männer wünschen sich mehr Zeit mit ihrer Frau und der Familie, die Frauen einige Stunden für sich selbst.

▨ Was Sie als Paar mitnehmen können

- *Malen Sie Ihren »Freundes-Kreis«.* Setzen Sie sich in die Mitte des Blattes und außen herum Ihre wichtigsten Bezugspersonen – Soziologen nennen das ein Soziogramm. Je nachdem, wie weit entfernt die Personen von Ihnen sind, stehen sie Ihnen näher oder ferner. So gibt es vielleicht den engsten Kreis, den man zur kleinen Geburtstagsparty einladen würde, einen weiteren, der bei großen Festen dabei wäre, und den äußersten Kreis mit den ferneren Bekannten. Setzen Sie sich mit Ihrem Partner zusammen und vergleichen Ihre Freundes-Kreise. Vielleicht gibt es große Überlappungen – oder ganz klare Abgrenzungen: meine Freunde, deine Freunde. So lernen Sie Ihren Partner noch ein Stückchen besser kennen.
- *Listen Sie Ihre »Lobby« auf.* Überlegen Sie zum Beispiel, wer Ihnen besonders helfen kann, wenn Sie unter Stress stehen oder Kummer haben, und notieren Sie alle Personen auf einer Liste. Ist die Unterstützung förderlich oder manchmal eher hinderlich, weil sich ein Freund vielleicht zu stark einmischt oder nicht die richtigen Worte findet? Sind Sie mit dem Ausmaß an Hilfestellung zufrieden, bräuchten Sie mehr oder weniger Unterstützung? Vielleicht sprechen Sie je nach Situation auch ganz unterschiedliche Personen an: Der eine hilft bei Streitigkeiten mit dem Partner, der Nächste bei Erziehungsproblemen, mit dem Dritten geht man gerne weg, und mit dem Vierten fährt man in Urlaub. Sie könnten sich also verschiedene Situationen ausdenken, in denen Freunde für Sie beson-

ders wichtig sind, und jeweils den zugehörigen Personenkreis auflisten. Dazu können natürlich auch Verwandte und Nachbarn gehören.

Wenn Sie andersherum bei der einzelnen Person ansetzen, entsteht eine Art Freundschaftsprofil: Was mögen und schätzen Sie an Ihrem Freund, wann unterstützt er Sie, was machen Sie gerne zusammen mit ihm und: Haben Sie das Gefühl, dass er Sie voll und ganz akzeptiert, mit all Ihren guten und weniger guten Seiten? Tauschen Sie sich mit Ihrem Freund darüber aus, denn auch in Freundesbeziehungen ist beständige Beziehungsarbeit wichtig.

- *Wie steht es um Ihre Beziehungspersönlichkeit?* Setzen Sie sich mit Ihrem Partner zusammen und tauschen Sie sich über die Ergebnisse des Selbsttests von Seite 209 ff. aus. Förderlich für Ihre Partnerschaft – und Ihr Beziehungsleben – ist, wenn Sie beide den Aussagen zum Thema allgemeine soziale Kompetenz und Einfühlungsvermögen weitgehend zustimmen können, Ihre Verletzbarkeit jedoch nicht allzu stark ausgeprägt ist.

- *Zeichnen Sie einen Familienstammbaum,* der neben den Namen, Daten und Berufen der Vorfahren wesentliche Eigenschaften und die Beziehungen untereinander aufführt. Wie waren Ihre Mutter und Ihr Vater als Personen, als Paar und als Eltern? Was haben Sie gelernt, was nicht? Welche Eigenschaften und Fertigkeiten wurden gefördert und gewünscht, was war verpönt? Wie waren Ihre Beziehungen zu Ihren Geschwistern und die Beziehungen Ihrer Geschwister zu Ihren Eltern? Gehen Sie auf Zeitreise in Ihre Kindheit – vielleicht können Sie sich manche Ihrer Eigenschaften und Wünsche danach besser erklären. Lassen Sie Ihren Partner daran teilhaben, denn vielleicht kann er Sie manchmal besser verstehen, wenn er Ihre Wurzeln kennt.

- *Wie verbringen Sie die Zeit?* Überlegen Sie, wie Sie die 24 Stunden eines normalen Wochentags oder auch am Wochenende verbringen. Wie viel Zeit bleibt
  (1) für Sie,
  (2) für Ihre Partnerschaft,
  (3) für die Familie,
  (4) für Freunde?
  (5) Und wie viel Zeit wenden Sie für Beruf, Haushalt und sonstige Verpflichtungen auf?

Sind Sie zufrieden mit dieser Aufteilung oder sind Sie der Meinung, für einzelne Bereiche sollte mehr oder weniger Zeit zur Verfügung stehen? Was könnten Sie verändern, um noch zufriedener zu werden, wer könnte Sie dabei unterstützen?

Vielleicht malen Sie Ihren »Zeitkuchen«: Wie Tortenstücke werden die einzelnen Lebensbereiche eingetragen, je größer das Stück, desto mehr Ressourcen werden auf diesen Bereich verwendet. Der erste Kuchen bildet den aktuellen Ist-Zustand ab, der zweite Kuchen den Wunsch. Probieren Sie es doch einmal aus: Was ist der Unterschied zwischen Ihren beiden Kuchen? Wofür hätten Sie gerne mehr Zeit zur Verfügung, wofür würden Sie lieber weniger Ressourcen verwenden? Und wie sehen die Kuchen Ihres Partners aus?

11 Was wir weitergeben möchten ...
Wissen und Wünsche für die nächste Generation

»Was wir gehört haben und wissen,
und was unsere Väter uns
erzählt haben, das wollen wir nicht
verschweigen unseren Kindern.«
Psalm 78, 3–4

Was wird einmal von uns bleiben, wenn wir nicht mehr sind? Was wollen wir an die nächste Generation weitergeben? Fragen, die nicht nur im hohen Alter von Bedeutung sind, sondern durchaus weit vorher eine Rolle spielen, wenn auch vielleicht nicht explizit. Ein Beispiel ist die Namensfindung für den gemeinsamen Nachwuchs. Nicht nur, dass zwischen den Partnern ausdiskutiert wird, welchen Nachnamen das Kind tragen soll – wobei sich in Deutschland nach wie vor in den meisten Fällen derjenige des Mannes durchsetzt –, auch beim Vornamen gibt es Hinweise auf die Generationenfolge. Zwar heißt seltener als früher der Sohn wie der Vater, unterschieden allein durch »senior« bzw. »junior«, doch werden Vornamen der Eltern oder Großeltern oft als Zweitnamen weitervererbt.

Der Psychoanalytiker Erik Erikson beschrieb die menschliche Entwicklung als Resultat von acht Konflikten. Der siebte, der im mittleren Erwachsenenalter angesiedelt ist, beinhaltet Generativität vs. Stagnation. Unter Generativität versteht Erikson den Wunsch, etwas an nachfolgende Generationen weiterzugeben und sich damit in gewisser Weise selbst zu überleben. Oftmals geschieht das, indem man eigene Nachkommen zeugt, doch auch eine herausragende berufliche, kulturelle oder politische Leistung kann das Gefühl vermitteln, nach dem Tode nicht in Vergessenheit zu geraten.

Schon der Gegenpol »Stagnation« legt nahe, dass sich der Wunsch, etwas an die nächste Generation weiterzugeben, positiv auswirken sollte. Tatsächlich verhilft das Gefühl, etwas Wichtiges für die Nachkommen zu hinterlassen, vielen Menschen zu mehr Zufriedenheit mit ihrer Familie und ihrem Leben. Generativität scheint zudem eine Sache des Charakters zu sein, denn sozial kompetente und einfühlsame Menschen legen mehr Wert darauf, ihren Beitrag für die Zukunft der Menschheit zu leisten.

Was wir haben, das geben wir weiter

Wie aber könnte dieser Beitrag genau aussehen? Wir haben 65 Ehepaare dazu befragt, was sie der kommenden Generation oder ihren eigenen Kindern in Bezug auf deren Partnerschaft wünschen, haben uns also auf den Aspekt der Beziehungen beschränkt. Die häufigste Antwort waren Problemlösungsfertigkeiten. 40 % aller Ehepaare bemühten sich nach eigenen Angaben, ihren Kindern oder anderen jungen Menschen mit auf den Weg zu geben, dass man Konflikten nicht aus dem Weg gehen sollte, sondern versuchen, miteinander zu sprechen und Kompromisse zu schließen. So auch Paul und Emilia: »Wichtig ist, zu einer Entscheidung stehen und Konflikte gleichberechtigt lösen zu können, so dass sich nicht einer auf dem Podest fühlt und sagt: ›Ich regele den Konflikt, du ordnest dich unter‹, sondern, dass man auf gleicher Höhe steht.«

Fast ebenso vielen lag das Durchhaltevermögen besonders am Herzen. Sie raten den Nachkommen, nicht gleich die Flinte ins Korn zu werfen und auch bei Schwierigkeiten gemeinsam einen Ausweg zu suchen. Sylvia formuliert es so: »Also ich würde sagen: Ihr müsst Konflikte austragen, ihr müsst Herausforderungen annehmen, ihr müsst wirklich bereit sein, etwas durchzumachen. Und nicht, wenn Schwierigkeiten kommen, sagen: ›Halt. Mach ich nicht. Dann lieber trennen.‹ Man kann aus Schwierigkeiten doch nur lernen.«

Jedes dritte Ehepaar fand es wichtig, eine positive Lebenseinstellung mit auf den Weg zu geben, also die Fähigkeit, das Gute zu sehen, zufrieden zu sein, Optimismus und Heiterkeit auszustrahlen. Hans und Susanne haben diese Sichtweise nach einem schweren Schicksalsschlag, dem Unfalltod ihres Sohnes, entwickelt: »Wir haben durch den Tod unseres Sohnes viel gelitten, aber wir können uns nun über kleine Dinge freuen und sehen es als Geschenk, dass wir uns haben. Wir können gute Augenblicke auch als solche annehmen und dankbar dafür sein. Dankbarkeit ist ganz wesentlich.«

Was Hans und Susanne berichten, ist nicht ungewöhnlich. Nach einem traumatischen Ereignis lässt sich oft eine positive Hinwendung zum Leben beobachten – eine Art Wachstum nach dem und durch das Trauma. Man weiß mehr denn je, was man am Leben hat und wie rasch es vorüber sein kann. Menschen, die selbst in Lebensgefahr waren, feiern gleichsam ihren zweiten Geburtstag und können sich an vielen Dingen freuen, die vorher selbstverständlich waren. Freilich kann ein tragisches Ereignis nur dann einen positiven Ausgang finden, wenn es gut bewältigt wurde. Hans und Susanne haben dies offenbar gemeinsam geschafft und können nun ihre Erfahrungen weitergeben.

Auch Toleranz und Rücksichtnahme sowie Ehrlichkeit, Offenheit und Vertrauen wurden als wichtige Beziehungszutaten genannt, die an die nachfolgende Generation übermittelt werden sollten – ganz ähnlich wie im eigenen Erfolgsrezept der Befragten, das wir Ihnen in Kapitel 2 vorgestellt haben. Einige Paare wünschten der nachfolgenden Generation zudem, eine eigene Familie zu gründen. Und Uli und Simone halten schlichtweg alles in ihrer Ehe für empfehlenswert: »Wir wünschen ihnen, dass sie eine Partnerschaft erleben, die so ist wie unsere!« – »Ja! Da hätten sie bestimmt nichts dran zu meckern!«

Was wir empfingen, das geben wir weiter?

Obschon man sich solcherlei Gedanken üblicherweise erst im mittleren Lebensalter macht, wirken Einflüsse aus der eigenen Herkunftsfamilie nach. So empfehlen Eltern ihren Nachkommen manchmal das, was sie selbst von ihren Eltern mit auf den Weg bekommen haben – zum Beispiel eben, eine Familie zu gründen oder voneinander unabhängig zu bleiben und sich beruflich weiterzuentwickeln. Das geschieht natürlich nur, wenn man selbst auf diesem Lebensweg gute Erfahrungen gemacht hat, sich also beispielsweise in seiner eigenen Beziehung und Familie wohl fühlt. Ist dies nicht der Fall, kann es sein, dass man das entgegengesetzte Modell weiterzugeben versucht. Wer sich in seiner Rolle als Hausfrau und Mutter lebenslang unterfordert fühlte, wird der eigenen Tochter vielleicht ans Herz legen, ihre Karriere nicht zu vernachlässigen und ihre Berufstätigkeit nicht aufzugeben. Wer als Kind darunter litt, dass der eigene Vater kaum erreichbar, da immer in der Arbeit war, wird sich selbst möglicherweise mehr Zeit für die Familie nehmen und dies auch seinen Nachkommen empfehlen.

So werden die Einflüsse aus der Herkunftsfamilie in der Regel vermittelt durch eigene Lebenserfahrungen. Doch so manches geht auch ungefiltert über, da wir uns dessen gar nicht bewusst sind. Bisweilen gibt es sogenannte Familiengeheimnisse, zum Beispiel wenn ein Kind außerhalb der Ehe gezeugt wurde. Alle Familienmitglieder ahnen, dass etwas nicht stimmt, doch außer der Mutter hat keiner Gewissheit. Auch dies ist eine Form von Vermächtnis an die nachfolgende Generation – allerdings eines mit schwerwiegenden Folgen. Denn oft machen solche Geheimnisse das Leben vor allem der Kinder schwer, die nicht einordnen können, woher ihr ungutes Gefühl in der Familie rührt. Eine Form, sich im Erwachsenenalter damit auseinanderzusetzen, sind sogenannte Familienrekonstruktionen, die die Beziehungen zwischen den Mitgliedern über mehrere Generationen hinweg thematisieren. Wer sich denn auf die Reise zurück in die Vergangenheit einlassen will, sollte sich allerdings mehr als ein Wochenende Zeit nehmen und einen professionellen Therapeuten aufsuchen – Familienaufstellungen im Schnelldurchlauf können die Betroffenen noch stärker in die Krise stürzen.

▦ Das Wichtigste auf einen Blick

- Die Frage, was wir an die kommende Generation weitergeben wollen, beschäftigt uns vor allem im mittleren Lebensalter. Wer das Gefühl hat, auf irgendeine Weise auch nach seinem Tode positiv in Erinnerung zu bleiben, ist zufriedener mit sich und seinem Leben.
- Langzeitehepaare wünschen der nächsten Generation für deren Beziehungen vor allen Dingen Konfliktkompetenzen, Durchhaltevermögen und eine positive und optimistische Lebenseinstellung.

- Diese Wünsche sind von dem bestimmt, was das Paar selbst erlebt und von den eigenen Eltern übermittelt bekam – sofern man selbst positive Erfahrungen mit diesem Lebensentwurf gesammelt hat.

▥ Was Sie als Paar mitnehmen können

- *Die Aufträge der Eltern* … Werfen Sie einen Blick auf das, was Ihnen Ihre Eltern an Empfehlungen und Anforderungen mit auf den Weg gaben. Treffen einige der folgenden Aussagen auf Ihre Herkunftsfamilie zu? Und wenn ja, waren es eher Forderungen vonseiten Ihrer Mutter oder vonseiten Ihres Vaters?
  - Du sollst beruflich erfolgreich sein.
  - Du sollst eine eigenständige, autonome Person sein.
  - Du sollst eine Familie gründen.
  - Du sollst Familie und Beruf miteinander verbinden und deine berufliche Laufbahn nicht für die Kinder aufgeben.
  - Du sollst unsere Familientradition fortführen.
  - Du sollst dich verantwortlich für unsere Familie zeigen.
  - Du sollst deine eigenen Wege gehen.
  - Du sollst aufregende Dinge tun und ein ganz anderes Leben führen als wir.
- *… und was aus den Aufträgen wurde:* Wie sind Sie mit diesen Forderungen umgegangen? Haben sie Einfluss genommen auf Ihr eigenes (Beziehungs-)Leben? Haben sich die Empfehlungen Ihrer Eltern bewährt?
- *Was ich euch wünsche* … Was würden Sie selbst an die Nachkommen weitergeben wollen? Betrachten Sie dazu noch einmal die obigen Aussagen und überlegen Sie, was Sie Ihrem Sohn oder Ihrer Tochter oder anderen jungen Menschen mit auf den Weg geben möchten. Vielleicht gibt es Unterschiede und Sie wünschen sich für Mädchen und Jungen andere Dinge.
- *Als Leitsatz formuliert* … Vielleicht haben Sie Lust, sich über diese Punkte mit Ihrem Partner und auch mit Ihrer Familie und Ihren Kindern auszutauschen – so Letztere schon groß genug sind, also mindestens im Jugendalter. Die Ehepaare in unserer Studie sollten sich auf einen Leitsatz einigen, den Sie in puncto Beziehungsgestaltung übermitteln wollen – probieren Sie das doch auch einmal!

12 Was also hält die Liebe am Leben?
Der Versuch eines Fazits

> *»Die Liebe besteht zu*
> *drei Vierteln aus Neugier.«*
> Giacomo Casanova

Wie schon zu Beginn des Buches gesagt: Das eine Erfolgsrezept für glückliche Partnerschaften gibt es nicht. Fast möchten wir sagen zum Glück, denn wie langweilig wären Beziehungen, wenn eine wie die andere funktionieren würde. Dennoch haben Sie in diesem Buch viele Fertigkeiten und Verhaltensweisen kennengelernt, die in zufriedenen und stabilen Partnerschaften in hohem Maße anzutreffen sind. Zum Abschluss wollen wir die wichtigsten noch einmal zusammenfassen.

Toleranz ist nach Meinung der von uns befragten Eheleute der Erfolgsfaktor für Partnerschaften schlechthin. Das ist insofern interessant, als es dazu kaum systematische Forschung gibt, obschon Toleranz auch für ganz andere Lebensbereiche qualifiziert: »Toleranz lernt man am besten in der Ehe. Unverheiratete Politiker haben davon keine Ahnung«, so sprach Margaret Thatcher, ehemalige britische Premierministerin und ihrerseits verheiratet. Wer lange Zeit einträchtig miteinander leben will, muss so manche »Kröte schlucken«, so manches am Verhalten des anderen hinnehmen, das er nicht so gerne mag. Und dabei tun sich sicherlich diejenigen leichter, die

an die Wachstumsmöglichkeiten von Beziehungen glauben. Denn dann gibt es bei jedem Fehlschlag und Fehlverhalten Hoffnung auf Änderung, was für einen optimistischen Blick in die Zukunft sorgt. Voraussetzung für das Liebesglück sind natürlich auch entsprechende Persönlichkeitsmerkmale, allen voran die

emotionale Stabilität. Die Kehrseite der Medaille, nämlich Launenhaftigkeit und depressive Verstimmungen, wirken sich vor allem auf die Konfliktbewältigung negativ aus. Gleiches gilt für Merkmale einer negativen Beziehungspersönlichkeit, also geringe soziale Kompetenz, fehlendes Einfühlungsvermögen und hohe Verletzbarkeit. So kommen leichter die Apokalyptischen Reiter ins Spiel, und die gilt es zum Wohle der Partnerschaft zu vermeiden.

Konstruktive Konfliktlösung ohne harsche Kritik, Rechtfertigung, Verachtung, Mauern und aggressive Machtdemonstration ist daher Inhalt beinahe jedes Beziehungsratgebers und Paarseminars. Das kann man zum einen ein Stück weit trainieren, zum anderen ist es wichtig, sich selbst gegenüber ehrlich zu sein und darauf zu achten, wann und warum sich solcherlei Verhaltensweisen einschleichen. Darüber auch mit dem Partner zu sprechen, kann von Nutzen sein, denn

Offenheit und Vertrauen gehören ebenfalls zur Grundlage des Beziehungsglücks. Weiterhin ein gutes Paarklima, eine zufriedenstellende Sexualität, das Gefühl, für die Beziehung Verantwortung übernehmen zu wollen und sich auf den Partner verlassen zu können. Wer seiner Partnerschaft gegenüber derart positiv gestimmt ist, der wird

bei Ursachenzuschreibungen Vorsicht walten lassen und unangenehme Vorkommnisse nicht gleich dem Partner anlasten. Ein vermeintliches Fehlverhalten wird so entschuldbar und ruiniert nicht den gemeinsamen Abend. Und wer, um beim Beispiel von Anja und Thomas aus Kapitel 5 zu bleiben, die Verspätung beim Abendessen äußeren Umständen anlastet – beispielsweise der vielen Arbeit, die der Partner gerade am Hals hat –, der wird eher versuchen,

den anderen in Stresssituationen zu unterstützen. Vor allem der emotionale Beistand ist wichtig, also dem anderen zuzuhören, sich mit ihm zu solidarisieren, ihm eine Möglichkeit zu geben, seinen Frust und Ärger loszuwerden und ihm zu helfen, sich zu beruhigen. Eine gute Voraussetzung für solches Verhalten sind

hohe Ansprüche an die Gemeinsamkeit, Gleichberechtigung und Investition in die Beziehung. Oder anders gesprochen: Wer viel fordert, verhält sich entsprechend konstruktiv in der Kommunikation und Konfliktlösung und eben auch in Stresssituationen. Dabei gibt es offenbar kein »Zuviel des Guten«: Je höher die Ansprüche, desto zufriedener sind die Partner. Hohe Ansprüche zeigen, dass das »Wir« einen hohen Stellenwert genießt, dass man die Beziehung ernst nimmt, dem Partner die gleichen Chancen einräumen will wie sich selbst und bereit ist, viel in die Partnerschaft zu investieren. Und das ist auch ein Zeichen für die *Wertschätzung* des anderen und der Partnerschaft. Die Wertschätzung steht bewusst am Schluss, damit sie sich besonders einprägt. Denn im Alltag bleibt oft wenig Platz für Komplimente und nette Worte. Doch die Forschung zeigt: Diese Zeit muss sein! Denn jedes gute Wort, jedes gelungene Gespräch, jede schöne Stunde zu zweit können Sie auf der Haben-Seite gutschreiben – und so Ihre Beziehungsbilanz im Positiven halten!

»Glück ist Liebe, nichts anderes.
Wer lieben kann, ist glücklich.«
Hermann Hesse

Dank

»Setz dich an des Tisches Mitte,
nimm zwei Bücher, schreib das dritte.«
Wilhelm Busch

Literatur über Partnerschaften gibt es zuhauf, dennoch ist dieses Buch mehr als nur eine neue Zusammenfassung bereits bekannter Resultate. Denn es stützt sich auf eine große und weitgehend repräsentative Befragung von langjährig verheirateten Ehepaaren aus den alten deutschen Bundesländern. An erster Stelle danken wir den 663 Ehepaaren, die uns ihre Antworten auf die Frage gaben: »Was hält Ihre Ehe zusammen?«. Ohne sie wäre dieses Buch nicht möglich gewesen. Unser Dank gebührt ferner der Deutschen Forschungsgemeinschaft und dem Deutschen Jugendinstitut, die das Forschungsprojekt finanziell unterstützten.

Wertvolle Beiträge lieferten zahlreiche Mitarbeiterinnen: Christina Grandegger, die durch ihr Engagement in der Pilotstudie das Projekt mit auf den Weg brachte, Mirjam Erkelenz und Evelin Henneke, die als wissenschaftliche Mitarbeiterinnen ihren Teil zum Erfolg der Studie beitrugen. Bedanken möchten wir uns weiterhin bei allen Diplomandinnen, Praktikantinnen und Hilfskräften, ohne deren Mitarbeit die Auswertung des umfangreichen Datenmaterials nicht machbar gewesen wäre. Einzelne Ergebnisse dieser Arbeiten finden sich in den Kapiteln dieses Buches: Theresa Mayer und Katrin Beetz übernahmen in weiten Teilen die Auswertung des Eherezeptes, Cornelia Gloger beschäftigte sich mit der Entwicklung von Nähe und Distanz im Laufe der Ehejahre, Anna Mark (vormals Rösch) wertete die Frage aus, was am Partner besonders geliebt und geschätzt wird, Anne Hosemann und Katia de Haën betrachteten die Ehe als ein Wechselspiel aus Hochs und Tiefs. Ariane Federmann (vormals Schäfer) ging der Frage nach, wie Kinder das Eheglück beeinflussen, Susanne Hirtreiter erforschte, wie sich die Partner negative Ereignisse in ihrer Beziehung erklären und Susanne Dillitzer fand heraus, wie in stabilen Langzeitehen Konflikte bewältigt werden. Stephanie Ewald wollte wissen, wie sich Beruf und Familie zeitlich unter einen Hut bringen lassen, Evelin Henneke nahm sich der Persönlichkeit der Beziehungspartner an, Gabi Schmid unterstützte das Projekt als Hilfskraft bei vielen unterschiedlichen Auswertungen. Mirjam Erkelenz fragte in ihrer Dissertation, was die Eheleute an die nächste Generation weitergeben möchten. Unser Dank gilt weiterhin Beate Böhmert und Judith Weichert, die uns an einigen Stellen in der grafischen Umsetzung unterstützten.

Zum Schluss möchten wir beide noch ein persönliches Wort hinzufügen. Ich, Eva Wunderer, möchte in besonderem Maße meinem Mann Stefan danken, der mich beim Schreiben dieses Buches unterstützte und mir immer wieder vor Augen führt, wie sehr es sich lohnt, sich aller Scheidungsstatistiken zum Trotz zu trauen. Und ich, Klaus A. Schneewind, möchte mich bei meiner Frau Ursula bedanken. Bezüglich des Merkmals »Ehedauer« hätten wir beide gut zu den befragten Ehepaaren gepasst. Ansonsten haben wir uns immer bemüht, nach den in diesem Buch vorgeschlagenen Eherezepten zu leben, und sind beide ganz vergnügt und zufrieden damit.

München, im Januar 2008

Eva Wunderer
Klaus A. Schneewind

Literatur

Asendorpf, J. B., Banse, R., Wilpers, S. & Neyer, F. J. (1997). *Beziehungsspezifische Bindungsskalen für Erwachsene und ihre Validierung durch Netzwerk- und Tagebuchverfahren.* Diagnostica, 43, 289–313.

Baucom, D. H., Epstein, N., Rankin, L. A. & Burnett, C. K. (1996). *Assessing relationship standards: The Inventory of Specific Relationship Standards.* Journal of Family Psychology, 10, 72–88.

Beetz, K. (2003). *Das »Eherezept«. Die Bedeutung von Vertrauen, Toleranz und Liebe in Paarbeziehungen.* Diplomarbeit. Department Psychologie, Ludwig-Maximilians-Universität, München.

Bodenmann, G. (1995). *Die Erfassung von dyadischem Coping: Der FDCT-2 Fragebogen.* Zeitschrift für Familienforschung, 7, 119–148.

Bodenmann, G. (2000). *Stress und Coping bei Paaren.* Göttingen: Hogrefe.

Bodenmann, G. (2006). *Stress und Partnerschaft. Gemeinsam den Alltag bewältigen.* Bern: Huber.

Bowlby, J. (2006). *Bindung und Verlust: 1. Bindung/2. Trennung/3. Verlust.* München: Reinhardt.

Bundesinstitut für Bevölkerungsforschung (2004). *Bevölkerung. Fakten – Trends – Ursachen – Erwartungen. Die wichtigsten Fragen.* Sonderheft der Schriftenreihe des Bundesinstituts für Bevölkerungsforschung (2. überarbeitete Auflage). Wiesbaden.

Bundeszentrale für Politische Bildung (2005). Online: www.bpb.de/wissen/NHXRDM.0.Entwicklung_der_Scheidung

Carstensen, L. L., Isaacowitz, D. M. & Charles, S. T. (1999). *Taking time seriously: A theory of socioemotional selectivity.* American Psychologist, 54, 165–181.

Chodorow, N. (1978). *The reproduction of mothering. Psychoanalysis and the sociology of gender.* Berkeley: University of California Press.

Christensen, A. & Heavey, C. L. (1990). *Gender and social structure in the demand/withdraw pattern of marital conflict.* Journal of Personality and Social Psychology, 59, 73–81.

Cohn, D. A., Cowan, P. A., Cowan, C. P. & Pearson, J. (1992). *Mothers' and fathers' working models of childhood attachment relationships, parenting styles, and child behavior.* Development and Psychopathology, 4, 417–431.

Cohn, D. A., Silver, D. H., Cowan, C. P., Cowan, P. A. & Pearson, J. (1992). *Working models of childhood attachment and couple relationships.* Journal of Family Issues, 13, 432–449.

Davies, P. T., Sturge-Apple, M. L., Winter, M. A., Cummings, E. M. & Farrell, D. (2006). *Child adaptational development in contexts of interparental conflict over time.* Child Development, 77, 218–233.

De Haën, K. (2005). *Beziehungskrisen und Anpassungsstrategien. Die Bedeu-*

tung von wahrgenommener Positivität und Konfliktkompetenz. Diplomarbeit. Department Psychologie, Ludwig-Maximilians-Universität, München.

Diekmann, A. & Engelhardt, H. (1995). *Die soziale Vererbung des Scheidungsrisikos: Eine empirische Untersuchung der Transmissionshypothese mit dem deutschen Familiensurvey.* Zeitschrift für Soziologie, 24, 215–228.

Dillitzer, S. (2002). *Konfliktbewältigungsstrategien in Paarbeziehungen. Der Einfluss funktionaler und dysfunktionaler Konfliktmuster auf die Ehezufriedenheit.* Diplomarbeit. Department Psychologie, Ludwig-Maximilians-Universität, München.

Eidelson, R. J. & Epstein, N. (1982). *Cognition and relationship maladjustment: Development of a measure of dysfunctional relationship beliefs.* Journal of Consulting and Clinical Psychology, 50, 715–720.

Engstler, H. & Menning, S. (2003). *Die Familie im Spiegel der amtlichen Statistik (erweiterte Neuauflage).* Erstellt im Auftrag des Bundesministeriums für Familie, Senioren, Frauen und Jugend in Zusammenarbeit mit dem Statistischen Bundesamt. Berlin.

Erikson, E. H. (1992). *Kindheit und Gesellschaft.* Stuttgart: Klett-Cotta.

Erkelenz, M. (2005). *Generativität und zweite Lebenshälfte.* Berlin: dissertation.de.

Ewald, S. K. (2004). *Voll-Zeit – Teil-Zeit – Genügend Zeit? Zur Vereinbarkeit von Familie und Beruf: Wie Paare mit Kindern ihren Umgang mit der Zeit (er)leben.* Diplomarbeit. Department Psychologie, Ludwig-Maximilians-Universität, München.

Feeney, J. & Noller, P. (1996). *Adult attachment.* Thousand Oaks, CA: Sage.

Felser, G. (2003). *Wahrnehmung und Kognitionen in Partnerschaften.* In: I. Grau & H. W. Bierhoff (Hrsg.), Sozialpsychologie der Partnerschaft (S. 343–376). Berlin: Springer.

Gehring, T. M. (1998). *Familiensystemtest (FAST)* (2. erweiterte Ausgabe). Göttingen: Beltz.

Gloger, C. (2002). *Nähe-Distanz-Regulierung im Beziehungsprozess. Der gemeinsame Weg zu Intimität und Individualität.* Diplomarbeit. Department Psychologie, Ludwig-Maximilians-Universität, München.

Gottman, J. M. (1994). *What predicts divorce?* Hillsdale, NJ: Erlbaum.

Gottman, J. M. (2000). *Die 7 Geheimnisse der glücklichen Ehe.* München: Ullstein.

Gottman, J. M., Coan, J., Carrère, S. & Swanson, C. (1998). *Predicting marital happiness and stability from newlywed interactions.* Journal of Marriage and the Family, 60, 5–22.

Grau, I. & Bierhoff, H. W. (Hrsg.) (2003). *Sozialpsychologie der Partnerschaft.* Berlin: Springer.

Haumann, W. (2006). *Generationen-Barometer 2006.* Freiburg/München: Karl Alber Verlag.

Heaton, T. B. & Albrecht, S. L. (1991). *Stable unhappy marriages.* Journal of Marriage and the Family, 53, 747–758.

Henneke, E. (2005). *Beziehungspersönlichkeit und Beziehungsqualität in Langzeitehen.* Diplomarbeit. Department Psychologie, Ludwig-Maximilians-Universität, München.

Henry-Huthmacher, C. & Hoffmann, E. (2006). *Familienreport 2005.* Sankt Augustin: Konrad-Adenauer-Stiftung.

Hill, R. (1949). *Families under stress.* New York: Harper & Brothers.

Hirtreiter, S. (2003). *Gedanken, Gefühle, Verhalten: Krisengebiete einer Ehe? Der eheliche Attributionsstil und seine Auswirkungen auf die Ehequalität.* Diplomarbeit. Department Psychologie, Ludwig-Maximilians-Universität, München.

Holmes, T. H. & Rahe, R. H. (1967). *The social readjustment rating scale.* Journal of Psychosomatic Research, 11, 213–218.

Hosemann, A. (2005). *Das gemeinsame Glück zweier Menschen. Beziehungsrückschau im Timeline-Verfahren.* Diplomarbeit. Department Psychologie, Ludwig-Maximilians-Universität, München.

Jocklin, V., McGue, M. & Lykken, D. T. (1996). *Personality and divorce: A genetic analysis.* Journal of Personality and Social Psychology, 71, 288–299.

Johnson, M. P., Caughlin, J. P. & Huston, T. L. (1999). *The tripartite nature of marital commitment: Personal, moral, and structural reasons to stay married.* Journal of Marriage and the Family, 61, 160–177.

Kalicki, B. (2003). *Attribution in Partnerschaften.* In: I. Grau & H. W. Bierhoff (Hrsg.), Sozialpsychologie der Partnerschaft (S. 377–402). Berlin: Springer.

Karney, B. R. & Bradbury, T. N. (1995). *The longitudinal course of marital quality and stability: A review of theory, method, and research.* Psychological Bulletin, 118, 3–34.

Kiecolt-Glaser, J. K., Bane, C., Glaser, R. & Malarkey, W. B. (2003). *Love, marriage, and divorce: Newlyweds' stress hormones foreshadow relationship changes.* Journal of Consulting and Clinical Psychology, 71, 176–188.

Klages, H. & Gensicke, T. (1994). *Spannungsfelder des Wertewandels. Von der spontanen Entwicklung von Selbstentfaltungswerten zu deren Integration.* In: N. Seibert & H.J. Serve (Hrsg.), Bildung und Erziehung an der Schwelle zum dritten Jahrtausend (S. 674–695). München: PimS-Verlag.

Klann, N., Hahlweg, K. & Heinrichs, N. (2003). *Diagnostische Verfahren für die Beratung.* Göttingen: Hogrefe.

Knee, C. R. (1998). *Implicit theories of relationships: Assessment and prediction of romantic relationship initiation, coping, and longevity.* Journal of Personality and Social Psychology, 74, 360–370.

Knee, C. R., Nanayakkara, A., Vietor, N. A., Neighbors, C. & Patrick, H. (2001). *Implicit theories of relationships: Who cares if romantic partners are less than ideal?* Personality and Social Psychology Bulletin, 27, 808–819.

Knee, C. R., Patrick, H. & Lonsbary, C. (2003). *Implicit theories of relation-*

ships: Orientation toward evaluation and cultivation. Personality and Social Psychology Review, 7, 41–55.

Köcher, R. (1985). *Einstellungen zu Ehe und Familie im Wandel der Zeit. Eine Repräsentativuntersuchung im Auftrag des Ministeriums für Arbeit, Gesundheit, Familie und Sozialordnung Baden-Württemberg.* Institut für Demoskopie Allensbach. Stuttgart.

Kurdek, L. A. (1994). *Conflict resolution styles in gay, lesbian, heterosexual nonparent, and heterosexual parent couples.* Journal of Marriage and the Family, 56, 705–722.

McCubbin, H. I. & Patterson J. M. (1983). *The family stress process: The double ABCX model of adjustment and adaptation.* Marriage and Family Review, 6, 7–37.

Murray, S. & Holmes, J. G. (1996). *A leap of faith? Positive illusions in romantic relationships.* Personality and Social Psychology Bulletin, 23, 586–604.

Murray, S. (1999). *The quest for conviction: Motivated cognition in romantic relationships.* Psychological Inquiry, 10, 23–34.

Neyer, F. J. (2003). *Persönlichkeit und Partnerschaft.* In: I. Grau & H. W. Bierhoff (Hrsg.), Sozialpsychologie der Partnerschaft (S. 165–189). Berlin: Springer.

Noller, P., Beach, S. & Osgarby, S. (1997). *Cognitive and affective processes in marriage.* In: W. K. Halford & H. J. Markman (Hrsg.), Clinical handbook of marriage and couples interventions (S. 43–71). Chichester, UK: Wiley.

Reuband, K. H. (1997). *Aushandeln statt Gehorsam. Erziehungsziele und Erziehungspraktiken in den alten und neuen Bundesländern im Wandel.* In: L. Böhnisch & K. Lenz (Hrsg.), Familien: Eine interdisziplinäre Einführung (S. 129–153). Weinheim: Juventa.

Rösch, G. A. (2002). *»Was ich an Dir mag«. Untersuchung zur wahrgenommenen Positivität des Partners in langjährigen Ehen.* Diplomarbeit. Department Psychologie, Ludwig-Maximilians-Universität, München.

Rusbult, C. E., Drigotas, S. M. & Verette, J. (1994). *The investment model. An interdepencene analysis of commitment processes and relationship maintenance phenomena.* In: D. J. Canary & L. Stafford (Hrsg.), Communication and relational maintenance (S. 115–139). San Diego, CA: Academic Press.

Schäfer, A. (2004). *Beziehungsqualität in Langzeitehen mit Kindern.* Diplomarbeit. Department Psychologie, Ludwig-Maximilians-Universität, München.

Schmidt, M. (2003). *Systemische Familienrekonstruktion.* Göttingen: Hogrefe.

Schneewind, K. A. (1999). *Familienpsychologie.* Stuttgart: Kohlhammer.

Schneewind, K. A. & Gerhard, A.-K. (2002). *Relationship personality, conflict resolution and marital satisfaction in the first 5 years of marriage.* Family Relations, 51, 63–71.

Schneewind, K. A., Graf, J. & Gerhard, A.-K. (1999). *Paarbeziehungen: Entwicklung und Intervention.* In: L. v. Rosenstiel, C. M. Hockel & W. Molt (Hrsg.), Handbuch der Angewandten Psychologie (7. Erg. Lfg., 4/99, S. 1–20). Landsberg: ecomed.

Schneewind, K. A. & Kruse, J. (2002). *Paarklimaskalen (PKS).* Bern: Huber.

Schneewind, K. A. u. a. (1997). *Optionen der Lebensgestaltung junger Ehen und Kinderwunsch.* Verbundstudie. Endbericht. Schriftenreihe des Bundesministeriums für Familie und Senioren. Stuttgart: Kohlhammer.

Schneewind, K. A. & Wunderer, E. (2003). *Bedingungen von »wahrgenommener Positivität« und »Konfliktkompetenz« in Ehebeziehungen.* Zeitschrift für Familienforschung, 15, 191–219.

Schneewind, K. A. & Wunderer, E. (2003). *Prozessmodelle der Partnerschaftsentwicklung.* In: I. Grau & H. W. Bierhoff (Hrsg.), Sozialpsychologie der Partnerschaft (S. 221–255). Berlin: Springer.

Schneewind, K. A., Wunderer, E. & Erkelenz, M. (2004). *Beziehungskompetenzen und Beziehungsmuster in stabilen (Langzeit-)Ehen: Ausgewählte Ergebnisse des Münchner DFG-Projekts »Was hält Ehen zusammen?«* Zeitschrift für Familienforschung, 16, 225–243.

Schwarz, B. & Gödde, M. (1998). *Dokumentation der Erhebungsinstrumente der 2. Welle. Berichte aus der Arbeitsgruppe Familienentwicklung nach der Trennung,* Nr. 29/98. LMU München/TU Dresden.

Shaver, P. R. & Brennan, K. A. (1992). *Attachment styles and the »Big Five« personality traits: Their connections with each other and with romantic relationship outcomes.* Personality and Social Psychology Bulletin, 18, 536–545.

Statistisches Bundesamt (2004). *Aktualisierte Tabellen zum Datenreport »Die Familie im Spiegel der amtlichen Statistik«.* Ausgewählte Ergebnisse des Mikrozensus 2003. Bonn.

Thurmaier, F. (1997). *Ehevorbereitung – Ein Partnerschaftliches Lernprogramm (EPL). Methodik, Inhalte und Effektivität eines präventiven Paarkommunikationstrainings.* München: Institut für Forschung und Ausbildung in Kommunikationstherapie.

Vierzigmann, G. (1995). *Entwicklung von Skalen zur Erfassung individueller Beziehungskompetenzen (SEBE).* Zeitschrift für Differentielle und Diagnostische Psychologie, 16, 103–112.

Wunderer, E. (2003). *Partnerschaft zwischen Anspruch und Wirklichkeit.* Weinheim: Beltz.

Wunderer, E. & Schneewind, K. A. (2005). *Relationship-specific aspects of the self: The role of implicit relationship theories and their contribution to marital well-being.* In: W. Greve, K. Rothermund & D. Wentura (Hrsg.), The adaptive self: Personal continuity and intentional self-development (S. 245–261). Göttingen/NY: Hogrefe/Huber publishers.

Wunderer, E. & Schneewind, K. A. (in press). *The relationship between marital standards, dyadic coping and marital satisfaction.* European Journal of Social Psychology.

Anmerkungen

1 Kapitel 3: Der Fragebogen wurde für das Projekt »Was hält Ehen zusammen?« entwickelt in Anlehnung an einen Artikel mit dem Titel »The tripartite nature of marital commitment« von Michael P. Johnson und Kollegen, der 1999 im ›Journal of Marriage and the Family‹ veröffentlicht wurde. Wir bedanken uns bei Michael P. Johnson für die Abdruckgenehmigung.

2 Kapitel 3: Die Fragen wurden aus den »Paarklimaskalen (PKS)« von Klaus A. Schneewind und Joachim Kruse entnommen, veröffentlicht 2002 bei Hans Huber. Wir danken dem Verlag Hans Huber für die Abdruckgenehmigung. Bezugsquelle für den gesamten Test: Testzentrale Göttingen *www.testzentrale.de* bzw. Testzentrale der Schweizer Psychologen *www.testzentrale.ch*.

3 Kapitel 4: Die Fragen sind dem »Conflict Resolution Styles Inventory CRSI« von Lawrence A. Kurdek entnommen, das 1994 im ›Journal of Marriage and the Family‹ veröffentlicht und von Beate Schwarz und Mechtild Gödde im Rahmen eines Forschungsprojektes 1998 ins Deutsche übertragen wurde. Wir bedanken uns bei Larry Kurdek für die Abdruckgenehmigung.

4 Kapitel 4: Die Fragen zur Konfliktbelastung in einzelnen Lebensbereichen wurden für das Projekt »Was hält Ehen zusammen?« in Anlehnung an das von Klaus A. Schneewind geleitete Forschungsprojekt »Optionen der Lebensgestaltung junger Ehen und Kinderwunsch« zusammengestellt.

5 Kapitel 4: Die Fragen sind ursprünglich dem »Fragebogen zur Erfassung von dyadischem Coping in der generellen Tendenz (FDCT-N)« von Guy Bodenmann (1995) entnommen. Die Auswertung basiert auf den Ergebnissen im Forschungsprojekt »Was hält Ehen zusammen?«. Mittlerweile wurde eine aktualisierte Version des Tests als »Dyadisches Coping Inventar DCI« beim Verlag Hans Huber veröffentlicht. Wir bedanken uns bei Guy Bodenmann und dem Verlag Hans Huber für die Abdruckgenehmigung. Bezugsquelle für den gesamten Test: Testzentrale Göttingen *www.testzentrale.de* bzw. Testzentrale der Schweizer Psychologen *www.testzentrale.ch*

6 Kapitel 5: Die Fragen zu den impliziten Beziehungstheorien sind der »Implicit Theories of Relationships Scale« entnommen, die Raymond Knee 1998 im ›Journal of Personality and Social Psychology‹ veröffentlicht hat. Die Skala wurde für das Projekt »Was hält Ehen zusammen?« ins Deutsche übersetzt. Wir bedanken uns bei Raymond Knee für die Abdruckgenehmigung.

7 Kapitel 5: Die Fragen zu irrationalen Annahmen sind dem »Relationship Belief Inventory« von Roy J. Eidelson und Norman Epstein aus

dem Jahre 1982 entnommen. Die deutsche Version findet sich in dem Buch ›Diagnostische Verfahren für die Beratung‹ von Klann u. a., das 2003 bei Hogrefe erschienen ist. Wir bedanken uns bei Norman Epstein und dem Hogrefe-Verlag für die Abdruckgenehmigung.

8 Kapitel 6: Die Fragen zu ehelichen Ansprüchen wurden für das Projekt »Was hält Ehen zusammen?« in enger Anlehnung an das »Inventory of Specific Relationship Standards«, das Donald H. Baucom, Norman Epstein und Kollegen 1996 im ›Journal of Family Psychology‹ veröffentlichten, zusammengestellt. Wir bedanken uns bei Norman Epstein für die Abdruckgenehmigung und bei Ragnar Beer und Kollegen, dass sie uns für unser Forschungsprojekt die von ihnen angefertigte deutsche Übersetzung zur Verfügung stellten.

9 Kapitel 10: Die Grafiken, die die Forschungsergebnisse von Deborah Cohn und Kollegen illustrieren, wurden um der besseren Verständlichkeit willen leicht modifiziert. Dem Original liegt eine sogenannte z-Transformation der Werte zugrunde. Dazu werden die Werte so verändert, dass der Mittelwert aller Befragten bei 0 liegt – wir haben daher an dieser Stelle die Skalenbezeichnung »durchschnittlich« gewählt. Der Wert 1 im Original ist bei uns mit »deutlich überdurchschnittlich« bezeichnet, der Wert -1 mit »deutlich unterdurchschnittlich«. Die Werte 1 bzw. -1 liegen jeweils eine Standardabweichung vom Mittelwert entfernt, die Standardabweichung ist dabei die durchschnittliche Abweichung der Werte der Befragten vom Mittelwert.

10 Kapitel 10: Die Fragen zur Bindungssicherheit sind den »Beziehungsspezifischen Bindungsskalen für Erwachsene« von Jens B. Asendorpf und Kollegen entnommen, veröffentlicht 1997 in der Zeitschrift ›Diagnostica‹. Wir bedanken uns bei Jens Asendorpf für die Abdruckgenehmigung.

11 Kapitel 10: Die Grafik, die die beiden Beziehungspersönlichkeits-Typen illustriert, wurde wiederum leicht modifiziert. Das Vorgehen entsprach dabei dem in Fußnote 9 beschriebenen.

12 Kapitel 10: Die Fragen zur Beziehungspersönlichkeit sind den »Skalen zur Erfassung individueller Beziehungskompetenzen« entnommen, die Gabriele Vierzigmann 1995 in der ›Zeitschrift für Differentielle und Diagnostische Psychologie‹ veröffentlichte. Wir bedanken uns bei Gabriele Vierzigmann für die Abdruckgenehmigung.